KB058632

나답게 살 용기

나답게
살 ———
— 용기

내 삶의
주인이 되게 하는
아들러 심리학
카운슬링

———————————

기시미 이치로 지음
오근영 옮김

RHK
알에이치코리아

순응하면 나아갈 수 없다

기원전 5세기, 그리스의 철학자 소크라테스는 청년들에게 해로운 영향을 끼쳤다는 이유로 사형을 당했습니다. 현대인이 보기에는 그런 이유로 사형 선고를 내리는 것이 이해가 가지 않지만, 지금도 나이 어린 사람과 나이 든 사람이 대립할 때 소위 상식적이라고 하는 어른들은 어린 사람의 편을 드는 이들을 탐탁지 않게 여깁니다. 어린 사람들을 부추기고 선동한다고 생각하기 때문입니다.

나는 청년들을 대상으로 자주 상담을 해주곤 하는데, 대개

그들의 입장을 이해하려 하기 때문에 부모들로부터 좋지 않은 시선을 받는 경우가 있습니다. 그렇다고 상담하는 이들이 하는 말을 모두 받아들이는 건 아닙니다. 대신, 잘못된 이야기는 아니더라도 그것을 실현하는 방법이 부적절하다는 사실을 지적하지요.

상담을 거듭하며 알게 된 사실이 있다면, 청년들이 어른들에게 주장하고 싶은 말이 있어도 제대로 전달할 수 없다는 것입니다. 그래서 스스로를 상처 입히고 일방적으로 불리해지는 경우가 많습니다.

그런 상황으로 몰아가지 않고도 자신의 생각을 당당하게 주장할 수 있으면 좋겠다는 마음이 들었습니다. 그러자면 어떻게 해야 좋을지 살펴보기 위해 이 책을 썼습니다.

젊은 시절 읽은 심리학 책은 재미는 있었지만 개인에게 적용되지는 않았습니다. 이 세상과 사람들은 복잡다단하므로 쉽게 이해할 수 없는데, 지나치게 단순화하는 것 같았습니다. 단순한 만큼 이해하기도 쉽고 재미있었지만, 어쩐지 속임수처럼 보였습니다. 그래서 심리학이 아닌 철학을 공부하기 시작했습니다. 심리학과 다시금 조우한 것은 그로부터 십 몇 년이 지난 후였는데, 알프레드 아들러Alfred Adler(1870~1937)가 주창한 이론이었습니다. 조금 더 젊을 때 알았더라면 좋았을 텐데, 하는 아쉬움이 들었습니다. 이 책은 내가 이해하는 아들러 심리학을 그 바탕으로 삼고 있습니다.

19세기에 태어난 아들러는 시대를 앞서간 학자로 일컬어집니다. 그가 죽은 지 반세기 이상 지났는데도, 시대는 아직도 그를 따라잡지 못한 듯합니다. 그러나 누군가는 지금부터 내가 하려는 이야기를 당연하다고 여길지도 모릅니다. 부디 그러기를 바랍니다.

우선, 지금까지 인생에서 무슨 일이 일어났다고 해도 그것이 앞으로의 인생에는 아무런 영향도 미치지 못한다는 사실을 이해해야 합니다. 다만 큰 결심이 필요합니다. 그 마음이 당신을 과거에서 자유롭게 해줄 것입니다. 그러므로 나는, 당신이 아무것도 잘못하지 않았다거나 다른 사람을 원망하라고 꼬드기면서, 지금 당신이 살기 힘든 원인을 과거의 사건이나 주변 상황에서 찾지는 않을 것입니다.

대신에 사람들이 스스로 생각하고 살아가는 데 필요한 지침을 알려주려 합니다. 불리한 상황에 몰리지 않고 주장을 올바르게 펼치기를 바라기 때문입니다. 그런데 자신의 힘으로, 즉 다른 사람의 생각을 무작정 따르지 않으면서 깊이 생각하며 살아가는 방법은 간단히 알려줄 수 있는 것이 아닙니다. 심리학은 인생론 강의가 아니기 때문에 이론적으로도 뒷받침되어야 합니다.

누군가가 '이렇게 하라'고 단정하듯 던지는 말을 그대로 따르는 사람에게 이런 이야기는 불편하고 귀찮게 느껴지겠지요. 자신의 인생이건만 텔레비전 속 만능 강사가 일러주는 대로 사는 사람에게는 귀찮고 번거로울 겁니다. 오히려, 이 책을 읽고 나서 이 책의 내용이 잘못되었다고 생각하는 사람이야말로 내가 하려는 말을 제대로 이해한 셈입니다.

차례

Chapter 2

성격은 스스로 선택하는 것

Chapter 3
나는 언제라도 변할 수 있다

chapter 1

자신에 대해
얼마나
알고 있습니까?

무지無知의 지知

누군가 아폴론에게 이 세상에서 가장 지혜로운 이가 누구인지 물었습니다. 신탁 내용은 "소크라테스보다 지혜로운 자는 아무도 없다."는 것이었습니다. 지인으로부터 이 말을 들은 소크라테스는 깜짝 놀랐습니다. 정작 그 스스로는 아무것도 모른다고 생각했기 때문입니다.

신도 틀릴 수 있습니다. 그래서 소크라테스는 자신이 아무것도 모르는 사람이라는 사실을 증명하기 위해, 지자知者라 불리는 이들을 찾아 그들과 대화를 나누었습니다. 대화를 나누다 보면 자신의 무지無知가 드러날 테고, 결국 신이 틀렸음을 증명할 수 있으리라고 생각했기 때문입니다. 그러나 그의 행동은 지자라 여겨지는 사람들이 실은 그렇지 않다는 사실만 밝혀내고 말았습니다. 실은 아무것도 몰랐다는 사실이 대중 앞에서 까발려진 지자들은 소크라테스가 자신에게 일부러 창피를 준 것이라고 생각했습니다.

그렇다면 애초에 왜 "소크라테스보다 지혜로운 자는 아무도 없다."는 신탁이 있었던 것일까요? 소크라테스는 이렇게 결론을 내렸습니다.

"나나 지자라 불리는 사람들이나 아무것도 모르는 것은 마찬가지다. 하지만 나는 아무것도 모른다는 사실을 스스로 알고 있기 때문에 그들보단 지혜로운 것이다."

소크라테스는 자신이 모르는 것이 무엇이라고 생각했을까요? 어느 시대든 청년들은 부모라는 사실만으로 부모를 존경하지만, 의외로 부모가 아무것도 모르며 때로는 말과 행동이 다르다는 것을 알아차립니다. 그런데 어른들은 지식이나 경험이 없다면서 청년들을 억압합니다. 물론 어른에 비해서는 지식이나 경험이 적을 수밖에 없습니다. 살아온 세월이 다르니 어쩔 수 없는 노릇이지요.

흔히 어른들은 "현실(사회, 세상)을 모른다."고 청년들에게 말하지만, 청년들로서는 이해할 수 없습니다. 만약 청년이 어른의 말에 반발심을 느끼는데 문제가 어른에게 있다면, 그건 세월이 지나야 터득할 수 있는 지식을 모르기 때문이 아닙니다.

뒤에서도 살펴보겠지만, 경험이 있다고 해서 지자라고는 할 수 없습니다. 경험에서 교훈을 얻는 것은 아니기 때문입니다. 무엇을 경험하느냐가 아니라 어떻게 경험하느냐, 경험에서 무엇을 배우느냐가 중요한 것입니다.

그런데 청년들이 나이 많은 어른을 보며 "어른도 모르는구나." 하고 놀라는 '지知'란 대체 무엇에 대한 것일까요?

이런 '지'는 몇 년을 살았느냐에 관계없이 누구라도 터득할 수 있습니다. 그러나 인생이란 원래 그런 법이라며 포기해버린다면 알 수 없는 것입니다. 오히려 인생을 진지하게 사는 젊은 사람들 일수록 더 잘 알지도 모릅니다.

흔히 어른은 상식을 지니고 있다고 하지만, 상식이란 많은 사람이 옳다고 여길 뿐 정말로 옳은지는 분명하지 않습니다. 앞선 이야기의 지지들은 상식이 있다고 과시하다가 소크라테스에게 창피를 당했는지도 모릅니다.

나는 델포이의 경구에 따라 나 자신을 알려고 했으나 아직도 모르고 있네.
그런데도 나 자신과 관계도 없는 것을 생각하는 게 우습지 않은가.

— 플라톤, 《파이드로스Phaidros》

나를 안다는 것은
어떤 의미인가

"소크라테스보다 지혜로운 자는 아무도 없다."라고 신탁을 내린 델포이 신전에는 아폴론의 '너 자신을 알라'라는 말이 걸려 있었습니다. 이 말대로라면 무지하다는 것은 자신에 대해 모른다는 의미가 될 것입니다.

당신은 다른 것에 대해 아무리 많이 알아도 정작 자기 자신에 대해서는 아무것도 모른다는 생각을 해본 적은 없습니까?

사람들이라면 누구나 한 번쯤 연애에 관심을 둔 적이 있을 테니, 이것을 예로 들어 봅시다. 우리는 다른 사람의 이야기를 듣거나 드라마를 보거나 책을 읽고는 연애가 어떤 것인지 안다고 여깁니다. 그렇지만 막상 자신이 연애를 하게 되면, 그동안 자신이 안다고 생각했던 것이 정작 자신의 상황에는 적용되지 않는다는 사실을 깨닫곤 합니다.

어느 날부터인가 좋아하는 사람을 항상 생각하고 마음에 담아둡니다. 스스로 어떻게 된 것은 아닐까 싶을 정도입니다. 그럴 때 여태껏 한 번도 느껴본 적 없는 기분을 경험하거나 그 기분에 따라 행동하면서, 지금까지 알던 자신과는 너무나도 다르다는 사실을 깨닫고는 '내가 나를 몰랐구나!' 하고 놀란 적은 없습니까? 옆에서 사랑을 하면 그런 법이라고 말해주더라도 별로 마음에 위안이 되지는 않을 것입니다.

이처럼 자신에 대해 모른다는 생각이 들면 자기 자신을 알고 싶어집니다. 더구나 아는 데 그치지 않고 바꾸고 싶어질지도 모릅니다. 지금의 모습에 자신이 있다면 그렇지 않겠지만, 자기 자신을 좋아하지 않는 사람은 아무도 좋아해주지 않을 거라고 생각하기 때문입니다. 그런 만큼 있는 그대로의 나를 좋아해준다면 기쁠 것입니다. 있는 그대로의 자신을 좋아해주지 않으리라고 생각했기 때문에 그런 말을 해주는 것이 어쩌면 더 놀라울 것입니다.

그런데도 나는 이대로 괜찮을까, 이 사람은 진짜 나를 알고 있을까, 하는 생각이 뇌리에서 떠나지 않을 수도 있습니다. 도대체 나도 나를 모르는데 이 사람이 나를 아는 것일까? 도대체 나를 안다는 것은 어떤 의미일까? 의문은 끊이지 않습니다.

소크라테스는 고소를 당했을 때 스스로를 변호하면서 이렇게 말했습니다.

위대하고 강력하며 현명한 아테네 시민인 그대, 나의 벗이여, 그대는 최대한의 돈과 명예와 명성을 쌓아 올리면서 지혜와 진리와 영혼을 최대로 향상하는 것을 거의 돌보지 않고 그러한 일은 전혀 고려하지도 주의하지도 않는 것이 부끄럽지 않은가?

— 플라톤, 《소크라테스의 변명Apologia Sōkratēs》(문예출판사, 1999)

돈과 명예가 반드시 나쁘다고는 할 수 없지만, 돈과 명예를 얻기 위해 몸을 망치는 사람이 있습니다. 세속적으로는 가치가 있을지 몰라도, 돈이나 명예가 사람을 행복하게 만들어주는 것은 아닙니다. 그런데 연애하거나 결혼할 때 돈이나 지위를 상대를 선택하는 기준으로 삼는 사람이 적지 않습니다.

상대가 돈과 지위 때문에 선택받았다면 좋아할 만한 사람은 아무도 없겠지요. 돈을 잃으면 떠날지도 모르는 사람이라면, 자신이 세상에서 일류라고 평가하는 회사에 취직했다가도 정년까지 근무할 만한 곳이 아니라고 판단해서 퇴사했을 때 위로가 아닌 실망을 건넬 지도 모르는 사람을 평생 반려자로 선택하고 싶지는 않을 테니까요.

회사 자체가 사라지곤 하는 시대입니다. 직장을 잃거나 돈이 없다고 실망하는 사람은 나를 선택한 것이 아니라 내가 지닌 것을 선택한 셈입니다. 반드시 내가 아니어도 된다는 사실을 깨닫는 것은 실연의 고통을 안겨 줍니다.

외모와 건강도 마찬가지입니다. 젊은 사람에게는 절실하지 않겠지만, 아름다운 외모나 건강은 세월이 흐르면 사라집니다. 건강은 질병에 걸리면 당장 잃습니다. 젊은 시절처럼 아름답지 않아지면 전처럼 나를 사랑하지 않을지도 모르는 사람과 인생을 함께하고 싶지는 않을 것입니다.

돈, 지위, 명예, 외모, 건강 같은 것은 세월의 흐름이나 의도치 않은 불행 등으로 잃어버리기 쉽습니다. 한편, 소크라테스가 중요하게 여기는 영혼(정신, 마음)과 자기 자신은 무슨 일이 있어도 사라지지 않습니다. 그렇기에 "자신을 훌륭하게 만들기 위해 노력하지 않는 것이 부끄럽지 않느냐."고 소크라테스는 물었던 것입니다.

"음미되지 않는 삶은 가치가 없다."

소크라테스는 영혼을 훌륭하게 만드는 일만큼이나 '지'와 '진실'에 마음을 쓰는 일을 중요하게 여겼습니다. 영혼을 훌륭하게 하려면 영혼에 대해 알아야 하기 때문입니다.

고대 그리스어로 영혼을 프시케psyche라고 하는데, 이 책에서 다루는 심리학은 영어로는 'psychology'로 프시케와 로고스logos를 뜻하는 그리스어가 합해진 말입니다. 즉, '영혼(정신, 마음)의 이론'이라는 뜻입니다. 영혼의 이론을 알면 영혼을 훌륭한 것으로 만들 수 있습니다. 이론 또는 학문으로서 심리학을 다루더라도, '영혼의 이론'은 기본적으로는 영혼을 훌륭하게 만들려는 이론입니다.

심리학을 공부할 때는 이 학문이 본래 철학에서 시작되었다는 사실을 잊어서는 안 됩니다. 소크라테스는 책을 한 권도 쓰지 않았기 때문에 주로 플라톤이 쓴 《대화편 The Dialogues》을 통해서만 그의 생각을 엿볼 수 있습니다. 책의 내용에 따르면 소크라테스는 영혼을 가능한 한 훌륭하게 만드는 일을 가장 중요하게 생각했으며, 이 행동을 '영혼의 보살핌'이라고 일컬었습니다.

영어의 사이코테라피 psychotherapy는 '영혼 psyche의 보살핌 therapeia'이라는 그리스어에서 유래했습니다. 사이코테라피는 대개 심리요법, 정신요법이라고 번역합니다. 소크라테스가 현대에 태어났다면 정신과 의사나 카운슬러가 되었을지도 모릅니다. 그 시대에는 철학과 심리학을 구별하지 않았습니다. 그래서 학교 선생님들처럼 교단에서 강의한 것이 아니라 매일 아테네 광장에서 청년들과 대화를 나누었습니다. 지금의 카운슬링에 가깝다고 할 수 있겠지요.

아테네의 장군이자 정치가인 니키아스 Nikias[1]는 정치가인 리시마코스 Lysimachos[2]에게 소크라테스와 대화를 하면 항상 똑같은 결과를 얻는다고 말했습니다.

"당신은 모르는 듯하네만, 소크라테스와 대화하면 처음
에는 다른 일로 이야기를 시작하지만 곧 그의 말에 휘
둘리다가 결국 어김없이 나 자신에 대한 이야기로 넘어
가네. 내가 지금 어떤 삶을 사는지, 전에는 어떻게 살아
왔는지 고백하게 된단 말일세. 그리고 소크라테스는 내
가 한 말을 하나하나 음미하기 전에는 놓아주지 않는
다네."

— 플라톤, 《라케스Laches》

　이렇듯, 소크라테스와의 대화는 늘 자신에 대한 대화로 흘러
가고 과거부터 지금까지 어떤 식으로 살아왔는지를 말하게 했
습니다.
　이런 소크라테스의 대화는 많은 사람들 앞에서 이루어지곤
했습니다. 청중에는 청년들도 있었는데, 집에 돌아간 그들은

소크라테스의 방식으로 부모와 대화를 나누었습니다. 그러다
보니 소크라테스는 젊은이들에게 악영향을 끼쳤다는 혐의를
받기도 했습니다.

소크라테스는 지자가 지를 지녔는지 아닌지 음미하지 않았
습니다. 상대의 삶을 음미했습니다. "음미되지 않는 삶은 살 가
치가 없다."《소크라테스의 변명》)고 말한 소크라테스에게 이는 당
연한 일이었습니다.

소크라테스와 이야기를 나눈 알키비아데스Alkibiades [3]는 이렇
게 말했습니다.

> "그런데 나는 그보다도 더 아프게 무는 독사에게 물렸
> 습니다. 그것도 제일 아픈 곳을 물렸지요. 심장을, 아니
> 마음을 물렸어요. 명칭은 어떻든 상관없습니다. 그의
> 지혜를 사랑하는 그의 말에 물린 겁니다."
>
> ─ 플라톤, 《향연Symposion》

'영혼의 보살핌'이 무엇보다 중요했던 소크라테스는 평판이나 지위는 중요하게 여겨도 진실에는 마음을 쓰지 않는 사람에게 "영혼을 훌륭하게 만들기 위해 노력하지 않는 것이 부끄럽지 않느냐."고 물었습니다. 그래서 누군가 이의를 제기하며 노력한다고 하는 사람이 있으면 "나는 그를 즉시 보내주지 않고, 그에게 질문을 던지며 낱낱이 조사해가면서 음미할 것이다."《소크라테스의 변명》라고 말했습니다.

영혼을 정화하는 것이 '영혼의 보살핌'이고, 이는 사이코테라피라는 것을 앞에서 보았지요. 소크라테스가 '음미'라는 단어를 사용한 것을 보아도 알 수 있듯이, 자신을 알기 위한 카운슬링(대화)은 예나 지금이나 엄격한 법입니다.

세상에 둘도 없는 나

그렇다면 이렇게 생각해봅시다. 자기 자신은 정확하게 알아야 하므로, '일반적인' 자기 자신(나)이 아니라는 것이죠. 어떤 학문이든 일반론이므로, 심리학에서 다루는 '나'는 공부하는 사람에게 그대로 적용되지 않습니다. 그런데도 다른 사람이 아닌 나에 대해 알지 못하면 의미가 없습니다. 당신은 '나'에 대해 얼마나 알고 있나요?

예를 들어 인간은 죽는다는 사실은 누구나 아는 것이고 머리로도 금방 이해할 수 있습니다. 그러나 다른 사람이 아니라 '내가 죽는다는 것'은 과연 어떤 의미일까요?

굳이 이런 문제가 아니더라도, 다른 사람이야 어떻든 내가 특정한 상황에서 어떻게 행동할지, 또는 특정한 문제에 대해 어떻게 생각할지 궁금하진 않은가요? 결국 우리는 자기 자신에 대해 잘 안다고 생각하지만 사실은 모르고 있는 것이 아닐까요?

간혹 혈액형, 별자리, 성격 등과 같은 특정한 기준에 의해 사람을 유형별로 나누거나 날짜나 해의 운수를 점치기도 합니다. 그러나 내가 다른 사람과 성격이 같거나 똑같은 운명일 리는 없습니다. 혈액형이 같은 사람은 많지만 똑같은 사람은 이 세상에 단 한 명도 없습니다.

　물론 일반적인 유형으로 나누어 생각하는 것이 전혀 의미 없는 일은 아닙니다. 나만 특별한 것이 아니라 누구든 비슷한 일을 경험하는 것을 알면 자신을 이해하는 데 도움이 되기 때문입니다. 아이가 열이 나거나 기침하면 부모는 중병에 걸린 것은 아닐까 걱정합니다. 그러나 병원에서 감기라고 진단받고 난 뒤에는 무서운 병이 아니었다는 사실에 안심합니다. 물론 그렇다고 열이 내려가는 건 아니지만요. 이와 마찬가지로, 자신에게 일어나는 일이 다른 사람에게도 일어날 수 있다는 사실을 알면 자신을 이해할 수 있습니다.

　그렇지만 나라는 존재는 결코 다른 사람과 같지 않습니다. 예를 들어 심리학에서 말하는 반항기가 누구에게나 똑같이 찾아오지는 않습니다. 반항기를 겪지 않는 사람도 있습니다. 그렇다고 해서 그 사람을 일반론에 비추어 이상하다고 할 것은 아닙니다. 어쩌면 누군가는 부모에게 반항할 필요가 없는 환경에서 자랐을 수도 있습니다. 응석받이로 자라서 반항할 이유가 없었는지도, 반항하지 않아도 말로 설명하면 인정해주는 부모가 있었는지도 모릅니다. 그리고 반항해야 하는 상황인데도 굳이 반항하지 않았을 가능성도 있습니다. 어떤 사람이 반항기를 겪지 않았다고 해서 획일적인 잣대로 이러쿵저러쿵할 수는 없습니다. 따라서 이러한 경우를 고찰하려면 그 사람만의 고유한 조건을 모두 살펴보아야 합니다.

만약 참새 세 마리가 나무에 앉아 있을 때 사냥꾼이 그중 한 마리를 총으로 쏘면 어떻게 될까요? 산수에서는 '두 마리가 남는다'가 정답이지만, 모든 조건을 고려해야 하는 철학이나 심리학에서는 '큰 소리가 난다'는 조건까지 고려해야 하므로 '두 마리'라고 할 수 없습니다. 참새는 큰 소리에 놀라 날아갈 테니 '한 마리도 남지 않는다'가 정답입니다.

하지만 실제로는 '모든' 조건을 적용할 수 없습니다. 설사 어떤 사람에 대한 '모든' 정보를 나열한다고 해서 그것만으로 그 사람을 알 수 있는 것은 아닙니다. 그 사람을 이해하기 위한 실

마리가 필요합니다. 그것이 심리학이라는 단어에 포함된 '이理 (logy〈logos, 로고스, 도리 또는 사리〉'입니다.

그런데 왜 자신을 알아야 할까요? 지금의 삶에 아무 의문도 없는 사람은 그럴 필요가 없습니다. 그러나 지금의 자신이나 삶, 자신이 처한 상황이나 처지에 만족하지 못하고 어떻게든 변하고 싶은 사람이라면 알고 싶을 것입니다.

그런 사람은 불행하다고 여기지 않을지는 몰라도, 지금 이대로는 충분치 않다고 생각합니다. 자신감도 없습니다. 성적이 좋거나 특별히 노력하지 않아도 주위 사람들이 자신을 사랑해 준다고 느끼는 사람이라면 그런 고민은 하지 않겠지요.

그렇지 않기 때문에 대인관계에서 나라는 사람을 알고 싶어집니다. 이때, 자신을 알기 위해 노력하는 것 자체가 목적은 아닙니다. 자신을 앎으로써 다른 사람과의 관계가 원만해지고 행복해지기를 바랍니다. 그런데 누구나 행복해지길 원하지만 그렇지 못합니다. 왜 그럴까요?

선善,
나를 행복하게 하는 것

컵을 손에서 놓으면 떨어집니다. 그런데 사람이 하는 행위는 떨어지는 컵과는 달리 의도가 있고 목적 또는 목표를 세울 수 있습니다. 기계처럼 무작정 움직여야 하는 것이 아니므로 하지 않을 수도 있습니다.

그런데 의도나 목적이 항상 분명하지만은 않습니다. 행위하는 사람 스스로가 의도나 의미를 이해하지 못하는 경우가 많기 때문이지요. 그래서 아이들은 "왜 이런 짓을 했어?"라며 부모에게 야단맞을 때, '왜', 무엇 '때문에' 했는지 스스로 의식하지 못하기도 합니다.

'왜'라는 질문이 의도나 목적을 묻는다는 사실에 의문을 품을 수도 있습니다. 실제로 '왜'라는 질문에 대한 답은 다양합니다. 살인사건이 일어났다면 살인을 저지른 원인이나 동기를 알고 싶어 하지, 살인의 '목적'을 묻지는 않거든요.

소크라테스는 청년들에게 나쁜 영향을 끼쳤다는 혐의로 사형을 선고받았습니다. 그런데 판결이 내려지고 나서 종교적인 이유로 집행이 한 달 연기되었습니다. 당시에는 탈옥하는 것이 어렵지 않아서 소크라테스의 제자들은 스승에게 탈옥하기를 권했지만, 소크라테스는 그러지 않기로 했습니다.

탈옥하지 않는 이유에 대한 대답으로, 소크라테스는 우선 신체 구조를 꼽았습니다. 뼈나 힘줄이 정상이라서 다리를 구부릴 수 있으므로 다리를 굽혀 앉아 있을 뿐이라고 한 것이지요. 그러나 탈옥하지 않는 이유를 신체적인 조건으로 설명하는 데 만족할 리는 없었습니다. 그래서 감옥에 머물러 있는 것을 '선'이라고 생각하지 않았다면 진즉 탈옥했을 것이라고 대답합니다. 이때 선은 도덕적인 의미가 아니라 자신에게 '도움이 된다'는 의미입니다.

소크라테스는 아테네 사람들이 유죄판결을 내린 것도, 그들이 내린 형량을 받아들이는 것도 선이라고 생각했습니다. 즉, 탈옥하지 않고 형량을 받아들이는 편이 자신에게 도움이 된다고 판단한 셈입니다. 이것이 '왜' 소크라테스가 탈옥하지 않는 지에 대한 대답이었습니다.

'선(도움이 된다)'이 감옥에 머무르는 목적이라고 한다면, 형량 을 받아들이는 행위로 세운 목적, 목표는 선이라고 할 수 있습 니다. 행위는 목적인 선을 향하는데, 이미지화하자면 다른 사 람 앞에 선이 있고 그것을 향해 나아가는 식이겠지요. 신체적 조건은 사람의 행동에 영향을 미치지만, 같은 조건이라고 해서 같은 행위를 선택하지는 않습니다. 그러므로 어떤 행위를 선이 라고 판단하면 그것을 향해 앞으로 나아갈 것입니다.

3년 전에 나는 심근경색으로 하마터면 죽을 뻔했는데, 다행 히 목숨을 부지했습니다. 죽음의 위기에서 벗어난 뒤 재활 프 로그램을 시작했습니다. 처음에는 긴 복도를 걷는 정도였고, 멀리까지 가지 못했습니다. 관동맥이 폐색되어 심근 일부가 괴 사했기 때문에 달리기는 고사하고 걷는 것조차 마음껏 할 수 없었습니다.

그런 상태라면 가만히 있는 편이 심장에 부담을 주지 않았지만, 재활치료를 하지 않으면 사회로 복귀할 수 없었습니다. 그래서 힘은 부쳐도 걸어야 한다고 생각했습니다. 처음에는 간호사의 부축을 받아 걸었지만, 나중에는 혼자서 걸었습니다. 나는 그런 행동을 선이라고 판단해서 재활치료에 힘썼습니다. 그러나 똑같이 심근경색에 걸린 사람이라고 해서 누구나 같은 판단을 내린다고 할 수는 없겠지요.

이런 질병을 앓으면 신체적 조건은 사람을 뒤로 잡아당기는 셈입니다. 그런데도 목적으로서의 선은 사람을 앞으로 나아가게 합니다. 절대 안정을 취하라는 의사의 소견에도 재활치료 프로그램을 따르지 않고 제멋대로 무리해서 걷는다면, 선이라고 판단했더라도 실제로는 선이 아닙니다. 자기가 하고 싶어서 하는 행동을 무조건 선이라고 할 수는 없습니다.

선은 제멋대로 결정할 수 있는 것이 아닙니다. 걷는 것을 선이라고 판단하는 '내'가 신체를 사용하는데, 이때 판단을 내리는 '나'는 신체와는 다릅니다. 뇌는 신체에 속하므로, 내가 뇌를 사용하는 것이지 뇌가 나를 사용하는 것은 아닙니다. 뇌경

색, 뇌일혈 같은 뇌 관련 질병에 걸린 사람은 몸이 부자유스럽
거나 말이 어눌해지기도 합니다. 그래도 나와 뇌는 별개의 존
재입니다. 그러므로 뇌의 구조가 밝혀졌어도 사람의 행위를 설
명할 수 없습니다.

즉, 신체의 원인을 알아도 행위를 하거나 하지 않는 이유를
설명할 수는 없다는 뜻이지요. 나중에 살펴보겠지만, 신체 외
에 감정이나 성격도 내가 사용하는 것입니다. 어떤 목적을 이
루기 위해 신체, 감정, 성격을 내가 사용하는 셈입니다.

그러니 "왜 이런 짓을 했어?"라고 추궁당할 때 목적 이외의
원인을 말해봐야 답이 되지 않습니다. "왜 (먹어서는 안 되는) 간
식을 먹었어?"라는 질문에 "배가 고파서"라고 말해봤자 답이
되지 않는다는 말입니다. 배가 고파도 간식을 먹지 않는 사람
이 있기 때문입니다. 그러므로 그렇게 하는 것(먹는 것)이 '선'이
라고 판단했기 때문이라고 답해야 합니다. 물론 질병 때문에
식사를 제한해야 한다면 이 판단은 잘못되었습니다. 간식을 먹
는 것이 '도움이 된다'고는 생각할 수 없기 때문입니다.

선이 '도움이 된다'는 의미라면, 반대로 '악'은 '도움이 되지 않는다'는 뜻입니다. '악'을 원하는 사람은 없겠지만, 자신에게 도움이 되지 않는데도 '악'을 선택하는 경우가 있습니다. 왜 그럴까요?

시험공부를 해야 하는데 졸립다며 자버린다거나, 다이어트를 결심하고도 과식할 수도 있고, 들킬 염려가 없이 부정을 저지를 기회가 온다면 행동에 옮길 수도 있습니다. 시험을 볼 때 의도하지 않았는데도 다른 사람의 답안지가 보이면 나쁜 행동임을 알면서도 커닝할지도 모릅니다.

이런 경우에는 그 시점에 이런 행위가 악, 즉 자신에게 도움이 되지 않는 것이 아니라 선이라고 판단한 셈입니다. 후에 그 판단이 틀렸다고 밝혀지더라도 그 순간에는 잘못 판단한 것이지요. 나중에 문제가 되더라도 지금 케이크를 먹는 행동을 정당화할 만한 구실은 얼마든지 찾을 수 있습니다. 그 순간 그 사람은 본의 아니게 도움이 되지 않는 행동을 했다기보다, 무엇이 도움이 될지 몰랐던 것입니다. 그 사람에게는 다이어트를 하는데도 케이크를 먹는 것이 악이 아니라 선이었습니다.

사람은 누구나 행복해지고 싶습니다. "행복해질 수 있겠어?"라며 의심할 수도 있을 테고, 행복이라는 단어를 입에 올리는 것을 쑥스러워할지도 모릅니다. 요즘 세상에서는 좋은 학교를 나와서 괜찮은 회사에 들어가면, 또는 결혼하면 행복한 인생이라는 도식은 완전히 무너진 것처럼 보입니다.

그러므로 "행복해질 수 있겠어?"라고 의심하든가 행복에 대해 생각하는 일 자체를 쑥스럽거나 부끄러워하는 사람은 통속적인 의미의 행복에는 매력을 느끼지 못하는 것뿐입니다. 진정한 의미에서 행복해지는 것은 누구나 원할 테지요.

행복은 앞서 말한 의미에서 선이며, 행복을 만들어내는 것 또한 선입니다. 그런데 행복해지고 싶다는 바람만으로는 행복해질 수 없습니다. 무엇이 선이고 어떤 선이 행복하게 해주는지 깨달아야 합니다. 이제까지 행복하지 못했다면 선과 악에 대해 모르기 때문입니다.

일류 대학을 나오면 행복한 인생이 될 거라고, 부자와 결혼하

면 행복해질 거라고 생각했는데 그렇지 않았다면, 무엇이 선이
고 자신을 행복하게 만들어주는 것이 무엇인지 무지했기 때문
입니다.

선의 기준은 사람에 따라 다를 수 있습니다. 예를 들면, 돈을
버는 것 자체가 잘못된 일은 아닙니다. 그렇지만 돈을 벌면 궁
극적인(최후의) 목표를 달성할 수 있다고 착각하고, 궁극적인
목표인 행복을 위해서는 돈을 많이 가질 필요가 없다거나 어
떨 때는 돈이 방해가 될 수도 있다는 사실을 모르는 것이 문제
입니다. 세상 사람들이 행복이라고 여기는 것이 반드시 정답이
라고 할 수는 없지요.

모든 것이 정해져 있다면
얼마나 불행할까?

그런데 선이 무엇인지 알아도 선택할 수 없는 경우가 있다고

생각하는 사람도 있을 것입니다.

지금 나는 이 책을 쓰고 있고, 당신은 이 책을 읽고 있습니다. 그런데 자신이 선택해서 읽는지, 그렇지 않은지 생각해본 적이 있습니까? 자신이 선택한다고 생각했지만, 행동을 하는 원인을 모르기 때문에 실제로 결정한 것은 아무것도 없다고 여기는 사람도 있습니다. 무엇인가를 하려는 행위의 원인을 모두 알면 자신이 선택한 것이 아니라는 사실을 알 수 있다는 말입니다.

그러나 그렇다고 하기에는 자신이 선택했다는 의식이 의심의 여지없이 강합니다. 자신이 선택하는 것이 아니라 선택당한다고는 생각하지 않는 것입니다. 선택의 이미지는 어쩔 수 없이 등을 떠밀렸다기보다는 눈앞에 있는 것을 보고 싶어서 까치발을 딛거나 한발 앞으로 나서는 것입니다.

당신은 어떤 자세로 책을 읽나요? 나는 누워서 읽는 편을 좋아하는데, 문득 텔레비전을 보려고 책 읽기를 멈추고 텔레비전을 켰다면 그 행동을 스스로 선택했다고 생각할 수밖에 없습니다. 그런 것까지 컴퓨터처럼 프로그램되어 있다고 할 수 있을까요?

또 인간에게는 스스로도 어쩔 수 없는 충동이 있어서, 평소에는 냉정했던 사람이 충동적으로 폭언을 내뱉거나 상처를 주거나 심지어 폭력을 휘두르기도 합니다. 살인사건의 용의자가 "나는 욱하는 성격이다. 이야기하다가 상대방이 짜증나는 말을 해서 죽였다."고 하더라도 아무도 이 변명을 받아들이지 않을 것입니다.

도저히 자신이 어떻게 할 수 없는 힘이 있어서 생각도 해보지 않은 것을 결단하는 듯 보이는 경우는 있습니다. 한편, 배가 고파도 먹지 않겠다고 결심하면 얼마간 먹지 않을 수는 있습니다. 그래서 다이어트를 할 수 있는 것이지요. 다이어트하는 사람은 배가 고프다고 먹지는 않습니다. 결심이 흔들리기도 하지만, 그럴 때도 원래 원하던 것과 반대로 행동하지는 않습니다.

체중 감량 때문에 먹으면 안 되는 줄 알면서도 식욕을 이기지 못했다면 책임이 모호해지는 것 같지만, 사실은 그렇지 않습니다. 식욕이 나를 움직인 것이 아니라 내가 지금 눈앞에 있는 음식을 먹어도 '된다'고 판단한 것이니까요. 물론 식사량을 제한하려고 마음먹은 사람에게 이는 잘못된 판단입니다. 그렇지만 먹어서는 안 된다는 것을 '알고 있었음'에도 먹은 것이 아니라, 먹으려는 그 순간에 먹는 것이 자신에게 '좋은' 일이라고 판단했고 먹어서는 안 된다는 것을 '몰랐다'고도 할 수 있습니다.

모든 일이 결정되어 있어서 괜찮은 줄 알았는데 사실은 그렇지 않다고 할 경우, 이런 상황은 자신이 선택한 것은 아니지요. 그렇다면 살아 있는 것이 시시하다는 생각이 들지 않습니까? 잘못된 선택을 해서 잘못을 저지르는 것이 인간입니다. 시행착오를 반복하면서 현명하게 판단할 수 있게 되는 과정을 통해 인간은 성장합니다.

이런 과정을 거쳐 무엇이 좋은지 알 수 있게 되면, 자신에게 무슨 일이 일어나고 있는지 객관적인 입장에서 바라보게 됩니다.

무엇이 선인지, 다시 말해 무엇이 도움이 되는지는 멋대로 정할 수 없습니다. 음식을 달다, 쓰다, 맵다 등으로 판단하는 것은 사람마다 다르고, 잘못 판단한다고 해서 크게 해가 되지는 않습니다. 그렇지만 어떤 음식이 몸에 좋은지, 나쁜지는 각자 생각이나 취향에 따라 결정할 수 없습니다. 맛있다고 해서 무엇이나 얼마든지 먹어도 되는 것은 아닙니다.

행복도 마찬가지여서, 세상에서 말하는 행복의 조건이 자신에게도 반드시 해당되지는 않을 것입니다. 한편, 자신이 좋다고 생각하는 것이면 무엇을 하든 행복해질 수 있는 것도 아닙니다. 괜찮다고 여기는 것이 실제로도 괜찮아야 합니다. 다른 사람 눈에 아무리 행복해 보이더라도 실제로 행복하지 않다면 아무 의미도 없겠지요.

착각하지 마라!
행운과 행복의 차이

무엇이 선인지, 그것을 선택해서 행복해질 수 있을지 고민하지
않고, 상식이나 기존의 가치관만 따르면 행복해질 수 있다고
생각하는 것도 모르면서 안다고 여기는 것과 마찬가지입니다.

고대 그리스의 역사가 헤로도토스가 지은 《역사Historia》에는 그
리스의 7현인인 아테네 정치가 솔론과 리디아 왕 크로이소스의
대화가 등장합니다. 크로이소스가 솔론에게 이렇게 묻습니다.

"당신은 지식을 찾아 세상을 돌아다니며 가장 행복한 인간
을 만났습니까? 만났다면 누구였습니까?"

사실 크로이소스는 솔론이 자신이 가장 행복한 인간이라고
대답하기를 기대했지만, 솔론은 테로스라고 대답했습니다. 테
로스는 번영한 나라에서 태어나 착하고 똑똑한 자녀를 낳았고,
그 아이들이 또 아이를 낳아 모두 잘 자랐습니다. 그는 생활도
유복했지만 임종 역시 훌륭했는데, 아테네가 이웃 나라와 싸울

때 아군을 도우러 가서 적을 무찌른 뒤 전사했다고 합니다.

크로이소스도 그랬지만, 나도 이 대답에 만족할 수 없습니다.
오늘날에는 국가와 일체감을 느끼기 어렵고, 자녀를 낳고 유복
하게 살다가 전사한 사람이 행복하다고는 생각하지 않습니다.
국가를 위해 살고 죽는 것이 행복한 삶이라고 믿을 만큼 순진무
구하지 않으므로, 그것이 행복한 삶이라고 여길 수 없습니다.

정치에 대한 생각은 사람마다 다양하지만, 국가가 전쟁을 벌
일 때 전쟁에 참가하는 사람은 전쟁하기로 결정한 정치가가
아닌 당사자입니다. 그러니 국가를 위해 죽는 것이 행복하다고
말할 수 없습니다. 지금은 전쟁이 아니더라도, 마찬가지로 폭
정 하에서 행복할 수 있을까 하는 것이 절실한 문제가 되지는
않습니다.

크로이소스는 솔론에게 개인적인 행복은 아무 가치도 없느
냐고 따져 물었습니다. 솔론은 "어떤 행복이든 얼마나 오래 이
어질지 알 수 없다. 지금은 행복하지만 내일도 행복하리라는
보장이 없다. '인간만사 우연일 뿐'이다."라고 대답했습니다.

나중에 리디아의 수도 사르디스가 페르시아군에 점령되면서 크로이소스 왕도 포로가 되었습니다. 그는 높다랗게 쌓은 장작더미 위에서 사형을 당하게 되었는데, 그때 문득 솔론의 말을 떠올렸습니다.

"살아 있는 한 누구도 영원히 행복하다고 할 수 없다."

과연 살아 있는 한 행복하다고 할 수 없을까요? 이 문제는 앞으로도 고찰할 것이지만, 영화를 누리던 크로이소스조차 마지막까지 행복할 수 없었듯, 누구나 행복해지고 싶지만 행복을 바라는 것만으로는 행복해질 수 없으며 무엇이 행복인지조차 명백하지 않다는 점을 짚고 넘어가야 합니다.

그런데도 무엇이 행복인지 정해져 있다고 믿는 사람이 많습니다. 자녀가 교육대학에 합격하자, 그 부모가 "우리 딸의 인생은 결정되었다."라고 말하는 것을 듣고 놀란 적이 있습니다. 무엇이 어떻게 결정되었다는 걸까요? 아마도 딸이 아무 걱정 없이, 실업자 신세가 되지 않고 결혼해서 아이를 낳고 살리라는 식으로 딸의 앞날을 상상했던 것이겠지요.

그렇지만 인생은 그리 만만하지 않습니다. 직업만 해도 그렇습니다. 어느 날 갑자기 해고 통지를 받거나, 입사가 결정되었다가 취소된다든가, 회사가 망해버리는 일도 드물지 않은 시대입니다. 대학에 합격했다고 해서 인생이 '결정되었다'고는 생각할 수 없습니다. 대학에 합격하거나 취직이 결정되거나 결혼을 하는 것은 '행운'이지 '행복'은 아니라는 말이지요. 솔론은 "어떤 행복(행운)도 얼마나 오래 이어질지 알 수 없다."고 했습니다. 행운은 내일의 행복을 보장해주지 않습니다. 애당초 내일의 행복이 있기나 할까요?

무엇이 행복인지 한마디로 표현하기는 쉽지 않지만, 세상에서 말하는 행복이 반드시 행복을 보장해주지 않는다는 것은 분명합니다. 반대로 세상에서 말하는 불행(불운)이 닥쳤다고 해서 곧 불행해진다고 할 수는 없습니다.

요즘에는 좋은 대학에 들어가고, 큰 회사에 취직하고, 결혼해서 자녀를 낳는 것이 행복이라고 의심 없이 받아들이는 사람이 많지 않을지도 모릅니다. 그런데 무의식적으로 받아들여지는 것들은 그 밖에도 많습니다. 젊은 시절에는 기존의 가치관이나 어른들이 당연하게 여겨 특별히 문제 삼지 않는 것조차 의문을 품습니다. 그렇지만 나이를 먹어가며 많은 사람이 옳다고 여기는 것(상식)에 의문을 느끼지 않게 됩니다.

"마흔이 지나서야 비로소 자신을 아는 것이 중요함을 깨달았다. 그 전에는 인간은 성장할 리 없다고 생각했기 때문에 대학을 졸업하고 어른이 되면 모두 마찬가지라고 생각했다."는 사람을 보고 놀란 적이 있습니다.

지식이나 경험을 쌓아야만 성장하는 것은 아닙니다.

아이의 인생이 어른보다 나은 이유

뒤에서 어른과 아이가 대등한지 살펴볼 텐데, 어른과 아이가 다르다는 논리에 따르면 지식의 차이를 그 근거로 내세우기도 합니다. 그러나 어른이 되어 성장이 어느 시점에 멈춘다고 한다면 아이는 날마다 배우므로 어른과 아이가 다르다는 근거는 될 수 없겠지요. 오히려 나날이 성장해가는 아이가 어른보다 낫다고 할 수도 있습니다.

지식과 경험을 축적하는 것만으로는 성장이라 할 수 없다면 도대체 성장이란 무엇일까요? 아이는 태어나는 순간부터 매일 성장합니다. 그러나 오늘을 어제처럼 사는 어른은 나이가 많아진다고 해서 성장하지는 않습니다.

시인 다니가와 순타로谷川俊太郎는 〈어른의 시간〉이라는 시에서, 아이는 일주일이 지나면 그만큼 영리해지지만 어른은 제자리걸음이라고 했습니다. 아이는 새로운 것을 배우며 자신을 바꿔나가지만, 어른은 똑같은 주간지를 뒤적거릴 뿐입니다.

어른은 일주일 내내
아이를 야단칠 수 있을 뿐.

— 다니가와 순타로, 〈어른의 시간〉

매일 성장하며 지식을 쌓으려면 어떤 노력을 해야 할까요? 고등학교 때 선생님은 종종 이렇게 말씀하셨습니다.

"나이가 들면 젊었을 때 사둔 책을 읽을 거야. 그러니까 나이를 먹었다고 해서 지루하지는 않겠지."

유감스럽게도 선생님은 퇴직하고 여유롭게 책을 읽기도 전에 돌아가셨습니다. 책을 읽는 재미를 아는 사람과 모르는 사람은 다른 인생을 살지 않을까요. 자신의 인생만으로 축적할수 없는 지식이나 간접적인 경험도 책을 통해 얻을 수 있기 때문입니다.

그러나 책을 읽는 것을 비판하는 사람도 많습니다. 그들은 책을 읽지 않고도 경험을 통해 배울 수 있다거나 '책을 버리고 거리로 나가자'[4]고 주장하기도 합니다. 프랑스의 철학자 데카르트는 《방법서설Discours de la Méthode》에서 "선생들의 감독을 받지 않아도 되는 나이가 되자 나는 글공부를 아예 집어치웠다." 라고 말했습니다. 그러나 이는 독서를 완전히 그만두었다기보다는 독서만이 진리를 발견하는 유일하고도 가장 효과적인 방법이라고 생각하지 않게 되었다고 해석해야 합니다. 데카르트 같은 철학자가 책 읽기를 그만두었다고 보기는 어렵습니다. 그러니 이 말을 문자 그대로 받아들일 수는 없겠지요.

내가 강연이나 상담에서 하는 말을 들으면 납득은 가지만 '결심'과 '실행'은 좀처럼 하기가 힘들다고, 이해와 실행에는 괴리가 있다고 말하는 사람이 많습니다. 이렇듯 머리로만 이해해서는 충분치 않습니다. 책을 읽음으로써 지식은 획득할 수 있겠지만, 지식을 실행하지도 못하면서 무작정 책만 읽으면 언변만 번드르르해지거나 탁상공론에 빠지기도 합니다.

그래서 아는 것만큼이나 '경험'이 중요하다고 합니다. 경험은 말만으로는 이해하기 어려울 때 이해를 도와줍니다. 앞에서 말한 선과 악에 대한 '지', 즉 도움이 될지 안 될지에 대한 '지'는 정말로 안다면 즉각 실천할 수 있는 것입니다.

많이 먹지 않는 것이 다이어트에 도움이 된다는 사실을 알면서도 마구 먹는 사람은 먹어서는 안 된다는 사실을 정말로 알지 못하는 셈입니다. "암 선고를 받아보라. 사람이 달라질 테니……. 안다는 것은 그런 것이다."라고 해부학자 요로 다케시 養老孟司는 말했습니다.

인생을 근본부터 변화시킬 만한 '지'를 구하는 행위야말로 '철학', 즉 '지를 사랑하는 것'입니다. 방향을 잘못 잡지만 않는 다면 지를 탐구하는 것 자체가 우리를 현명하게 만들 것입니다.

과거의 상처를 핑계로 삼는 당신에게

'지'를 찾는 방향이란 행위의 원인이 아닌 목적을 안다는 의미 입니다. 신체, 감정, 욕구 등이 행위를 결정하고 지배하는 것이 아니라, 어떤 목적(즉, 선)을 위해 제대로 사용되는 것이라는 점 을 앞에서 살펴보았습니다.

당장 처한 상황이 행불행을 결정한다고 생각하는 사람이 있 는데, 실제로 대개는 지금 처한 상황이 불행의 원인이라고 여깁니다. 조건(경제 상황, 사회적 지위 등)을 충족시키는 사람과 결혼하면 행복해진다고 생각하는 것도 상황이 행복을 결정한다고 생각하는 셈이지요.

과거에 체험한 것이 지금의 행불행을 결정한다고 생각하는 사람도 있습니다. 그러나 지금 처한 상황과 과거의 체험은 성격을 형성하는 데 영향을 미치기는 해도 행불행과 인과관계가 없습니다. 어릴 때 학대받았다고 해서 그런 사람들이 모두 똑같이 불행한 것은 아닙니다. 사고나 재해를 겪었다고 해서 반드시 마음의 상처(트라우마)가 되는 것은 아니기 때문입니다.

한 정신과 의사가 아동 살상 사건을 경험한 초등학생을 상대로 인터뷰를 하면서, 이런 사건을 경험했기 때문에 언젠가는 반드시 문제가 될 것이라고 말한 적이 있습니다. 이 아이들이 성인이 되어 결혼했는데 결혼생활이 파탄난다면, 초등학교 때 살상 사건을 겪었기 때문일까요? 단지 두 사람의 관계에 문제가 있겠지요.

그렇다면 이 아이들이 마음에 상처를 받았기 때문에 어른이 되어서도 대인관계를 제대로 맺을 수 없을까요? 사건을 경험한 일이 대인관계를 구축할 수 없는 원인이라고 하기에는 너무 긴 시간이 흐른 뒤입니다. 원인과 결과(로 여겨지는 것)가 단기간에 일어나더라도 반드시 인과관계가 있다고 할 수는 없습니다. 사람은 자유의지라는 것이 있으므로, 행위가 상황, 과거의 체험, 감정 등에 따라 결정되는 것만은 아니기 때문에 극복할 수 있습니다.

그러나 배우자와의 관계가 원만하지 않은 것이 두 사람에게 문제가 있기 때문이라는 사실을 인정하고 싶지 않은 경우 과거의 사건을 들고 나옵니다. 그 사건을 트라우마로 여기고 현재 상황이 순조롭지 않게 된 책임을 다른 무엇 또는 누구에게 전가하고 싶은 것입니다.

실제로 현 상태는 과거의 트라우마로 결정되지 않을뿐더러, 사람은 어떤 상황에서든 자신의 행위를 선택할 수 있습니다. 어떤 사람은 그럴 수밖에 없었다고 변명하기도 하지만, 어떤 행위를 선택할지 스스로 결정할 수 있다는 사실을 알면 사람은 변합니다. 그러므로 정신과 의사처럼 과거의 체험이 반드시 문제를 일으킨다고 생각하면 누구든 행복해질 수 없겠지요. 치료나 교육도 효과가 없고 무의미해지고 맙니다.

사람은 누구나 잘못을 저지릅니다. 그러나 무엇이 선인지 잘못 판단한 탓일 뿐, 잘못된 판단은 얼마든지 바로잡을 수 있습니다. 더구나 어떤 원인에 의해 어쩔 수 없이 잘못 판단하는 것이 아닙니다. 잘못을 저지른다는 것은 인간에게 자유의지가 있다는 증거이기도 합니다. 진정한 행복은 자기 책임으로 자유롭게 선택할 수 있습니다.

과거가 지금의 자신을 결정하는 것이 아니라면 과거의 자신을 아는 것도 두렵지 않을 것입니다. 테베의 왕 오이디푸스는 아버지를 죽이고 어머니를 아내로 맞이할 것이라는 신탁을 받았기 때문에 태어나자마자 버림받았습니다. 그러나 결국 오이디푸스는 테베의 왕이 되었고, 테베를 덮친 재앙의 원인을 찾겠다며 아버지를 살해한 범인을 찾아내라고 했지요. 그 결과, 자신이 예언대로 아버지를 죽이고 어머니를 아내로 맞이했다는 사실을 알게 되었습니다. 오이디푸스는 자신의 과거를 알고 절망한 나머지 단검으로 눈을 찔렀고 거지가 되어 이곳저곳을 떠돌아다녔습니다.

자신을 아는 것이 잊어버린 과거를 떠올리는 일이라면, 그래서 과거의 사건이 지금의 상황을 결정한다면, 무서운 일이겠지만요.

행복은 오직 나의 의지로
선택하는 것

어떠한 원인 때문에 행위를 한다고 보는 것을 '원인론'이라고 합니다. 그러나 사람은 외적인 요인이나 과거의 사건, 분노나 슬픔과 같은 감정 등의 '원인'에 의해 억지로 떠밀려 앞으로 나아가지 않습니다. 갈증이나 허기짐, 과거의 경험 때문이라고 원인을 찾을 수는 있지만, 배가 고프다고 해서 반드시 먹는 행동을 하는 것은 아닙니다.

어떤 행동을 하거나 하지 않겠다고 결심할 때, 자신에게 좋은 일인지 아닌지 판단할 때, 대개는 '코앞'만 봅니다. 걸을 때 뒤가 아니라 앞만 보며 걷는 것과 마찬가지입니다. 저 멀리 앞만 보고 걷다가 바로 앞에 놓인 장애물을 보지 못해 부딪치는 일은 있겠지만, 어디로 갈지 목표를 결정하지 않으면 걸음을 내디딜 수 없습니다.

그러므로 어디로 향할지 목표를 세워야 비로소 행위가 시작됩니다. 저칼로리 식사를 하는 것은 건강과 미용을 '위해서'입니다. 이것이 행동의 목표이자 목적입니다. 행위를 고찰할 때 목표나 목적에 주목하는 사고방식을 '목적론'이라고 합니다. '어디서부터'를 묻는 것이 원인론이고, '어디로'를 묻는 것이 목적론인 셈이지요.

앞에서 행복해지기 위해 수단을 잘못 선택하는 경우를 살펴봤는데, 행복을 만들어내는 것이 선이고 최종적으로 지향하는 목표입니다. 선을 달성하기 위해 선택하는 수단도 행위의 목표이자 목적입니다.

그런데 행복해질 수 없는 목표를 수단으로 선택하는 경우가 있습니다. 자신에게 득이 되지 않는 일은 어느 누구도 하고 싶지 않습니다. 그런데 인간은 무엇이 선인지 잘못 판단하곤 합니다. 상대를 집요하게 스토킹하면 오히려 상대가 멀어지는 것을 알면서도 그런 행위를 하는 사람은 그것이 선이라고 판단했기 때문입니다.

어떤 행위를 선택했는데 그 선택으로 행복해질 수 없다면 행복이라는 목표를 달성하는 데 도움이 되지 않음을 이해하게 됩니다. 그러면 지금 하는 행위를 중지하고 다른 행위를 하기로 결심할 수 있습니다. 목표는 자신이 결정하는 것이니 언제든 바꾸면 됩니다.

스스로 무엇을 할지 결정하는 것처럼 보여도 사실은 그렇지 않다거나, 무엇인가에 의해 움직인다거나, 과거의 사건으로 인해 지금의 상황이 결정된다는 생각과는 달리, 모든 것을 스스로 결정한다고 생각한다면 새롭게 결심할 수 있습니다.

일반적인 생각과 달리 감정은 뒤에서 등 떠미는 것이 아닙니다. 불안함 때문에 밖으로 나가지 못한다고 말하는 사람은 사실은 밖으로 나가지 않겠다는 목표나 목적이 있는 것입니다. 즉, 밖으로 나가지 않으려고 불안이라는 감정을 만들어낸 것입니다. 그는 불안함이 밖으로 나가지 않는 이유가 된다고 생각합니다. 왜 밖으로 나가지 않는지, 그런 행동에도 목적이 있는지에 대해서는 뒤에서 살펴보겠습니다.

화를 냈더니 주위 사람이 갑자기 고분고분해진 경험을 한 적이 있을 것입니다. 그렇다면 분노는 상대를 움직이기 위해 만들어내는 감정입니다. 화를 내면 상대가 자기 말을 따르리라 생각하기 때문에, 다른 사람을 움직이겠다는 목적을 이루기 위해 분노라는 감정을 만들어내는 것입니다.

어떤 목적을 이루기 위해 모든 것을 자신이 결정하고 행동하지만, 이때에도 완전히 자유롭지는 않습니다. 분명 결심에 영향을 미치는 것이 있지요. 이것이 결심할 때의 패턴, 익숙한 방식을 만들어나가는 데 영향을 미칩니다. 익숙한 방식은 평소와 다른 방법으로 행동하지 못하게 합니다. 이런 행동 패턴을 만드는 데 영향을 끼친 것이 무엇인지 안다면 자신을 아는 데 도움이 될 것입니다.

대개 아이는 주위 어른의 행동방식을 흉내 냅니다. 그 어른과 똑같은 모습으로 자라지는 않지만, 어른은 아이에게 압도적인 영향을 미치기 때문에 그 영향력에서 벗어나기가 어렵습니다.

상담할 때 과거에 대해 질문하는 경우가 있는데, 과거가 지금의 상태를 결정하기 때문이 아니라 영향을 미친 어른이나 요소에 따라 익숙해진 방식을 다른 상대에게도 적용한다는 것, 친숙한 사람과의 관계, 문제 해결의 특징, 버릇, 유형을 파악하기 위해서입니다. 혼자서는 이런 특성을 깨닫기가 어려운데, 당장 눈앞에 닥친 문제를 해결하는 데는 유효하지 않은 방법에 친숙해지곤 합니다. 그러고 나서 친숙하지는 않지만 다른 문제 해결 방법도 있다고 알려주는데, 다른 방법을 알아도 지금까지의 방식에 워낙 익숙해져서 이를 바꾸기가 쉽지 않습니다.

친숙해진 문제 해결 방법이 어떤 식으로 익숙해지는지 살펴
보면 어떻게 해서 그런 방법을 선택하는지 알 수 있습니다. 그
러기 위해 다음 장에서는 성격에 대해 살펴보겠습니다.

chapter 2

성격은
스스로
선택하는 것

젊은이는 행복하고
노인은 불행하다?

젊은 사람이라면 나이를 먹는 것이 절실하게 느껴지지 않겠지요. 그런데 소크라테스가 케팔로스라는 노인과 대화를 나눌 때, 케팔로스는 노년이 불행의 원인이라는 일반적인 생각을 문제로 삼았습니다.

예전에는 행복했는데 지금은 살아 있다는 것을 실감할 수 없을 만큼 한탄스럽고, 가족이 가혹하게 대해서 노년이 불행하다고 말하는 사람은 "진짜 원인이 아닌 것을 원인으로 생각하고 있다."고 케팔로스는 말합니다.

케팔로스 역시 그런 처지이면서 불행하지 않다고 말했습니다. 그렇다면 불행의 진짜 원인은 무엇일까요?

> 소크라테스여, (책임을 물을 것은) 그들의 노령이 아니라 그들의 성격이라오. 분별력 있는 좋은 성격이라면 노년은 견뎌내기 쉬울 테고, 그렇지 않다면 노년뿐 아니라 청춘도 고생보따리라오.
>
> — 《국가론Politeia》

나이가 들었다고 해서 반드시 불행한 것이 아니며, 청춘이라고 해도 행복한 것이 아니라는 뜻입니다. 젊을수록 여러 가능성이 있고, 젊다는 사실 자체가 이미 살아가는 데 기쁨을 주는 듯싶지만, 일찌감치 사는 데 지쳐서 인생을 자포자기한 듯 보이는 경우도 많습니다.

살펴볼 것은 다음의 세 가지입니다. 우선 노년도 청춘도 누구나 똑같이 경험하지 않는다는 것은 어떤 의미입니까? 그렇

다면 행복, 불행이 어떤 것인지 생각해볼 필요가 있겠지요. 케
팔로스에 따르면 젊은이 = 행복/노인 = 불행이라는 도식이 통
용되지 않기 때문입니다. 마지막으로, 행복과 불행을 결정하는
것은 노년 또는 청년이라는 상황이 아니라 성격이라고 한다면,
성격은 어떻게 사람의 행복과 불행을 결정하는 것일까요?

　자신을 안다고 할 때 먼저 떠오르는 것이 '성격'입니다. 자신
의 성격이 어떤지 알고 싶은 사람은 많습니다. 그래서 혈액형
에 따른 성격 분류라든가 별자리 점술 등의 기사를 열심히 찾
아 읽습니다.

　같은 부모에게서 태어나 같은 환경에서 자란 형제들도 성격
은 전혀 다릅니다. 같은 가정에서 태어나 자란 형제보다도 다
른 가정에서 자란 막내들끼리 오히려 더 비슷한 경우도 있습
니다. 이는 성격은 타고나는 것이 아니라는 증거입니다. 왜 형
제의 성격이 달라지는지는 다시 다룰 것입니다.

　특별한 사건도 없었는데 나중에 돌이켜 보면 인생의 전환점
이라고 할 만한 시기가 있습니다. 사람에 따라 다르지만, 대개

는 초등학교 3~4학년쯤부터 살아 있음을 의식하게 되고 살아온 인생을 차례대로 떠올릴 수 있는 듯합니다. 그 이전의 시기에는 크게 다쳤거나 앓아누웠다거나 이사했다거나 하는 특별한 일은 기억하지만, 그 순서도, 몇 살 때 일어난 일인지도 또렷하게 기억나지 않습니다.

대개는 이 무렵부터 성격이 형성된다고 알려져 있는데, 그 무렵까지 여러 가지 성격을 시도해보고 어떤 성격을 선택한 것입니다. 어른이 되어도 성격은 크게 변하지 않습니다.

스스로 결정한 것이므로 나중에 바꿀 수도 있지만, 어떤 성격으로 살아가겠다고 한번 결정해버리면 불편하고 부자연스러워도 간단히 바뀌지가 않습니다. 성격을 바꾸기가 쉽지 않은 데는 이유가 있습니다.

성격은 대인관계와 밀접하게 연관됩니다. 성격을 알려면 내면을 살펴보는 것만으로는 충분치 않습니다. 일반적인 사람이 아닌 특정한 '나'에 대해 생각하려면 구체적으로 연구할 필요가 있는데, 모든(물론 한계는 있지만) 조건을 감안해서 고찰해야 합니다.

성격을 살펴볼 때 대인관계를 도외시하곤 하는데, 성격을 알려면 대인관계에 어떤 식으로 대처하는지 살펴보아야 합니다. 사람은 혼자서는 살아갈 수 없고 반드시 다른 사람과 관계를 맺어야 하기 때문입니다. 또 사람에 따라 태도가 달라지기도 합니다. 물론 대상이 바뀐다고 해서 전혀 다른 사람이 되지는 않습니다. 대개는 누구 앞에서나 비슷하게 처신하기 때문에 '성격'과 연관이 됩니다. 혼자서 살아간다면 언어도, 생각을 표현하는 논리도 필요 없듯이, 성격도 대인관계를 떠나서는 필요 없는 셈입니다.

어떤 식으로 대인관계를 맺는지는 사람에 따라 다릅니다. 이는 각자가 결정하는 것이므로 유형에 따라 분류하기가 어렵습니다. 성격 검사를 받더라도 검사자와 피검사자가 어떤 관계인지에 따라 그 결과 역시 달라지기도 합니다. 인쇄된 설문지에 답을 적고 평가하는 식이라면 피검사자의 성격을 분석하기가 어렵습니다. 그러므로 검사 결과를 참고할 수는 있겠지만 그대로 적용할 수는 없습니다.

형제관계(몇째로 태어났는지)와 같이 장기간에 걸친 대인관계든, 잠깐 맺은 대인관계든, 다른 사람과의 관계에 대해 대처하는 일정한 패턴이나 버릇을 대개 '성격'이라고 합니다. 그리고 상대와 상황이 바뀌어도 비슷한 행동을 하게 마련입니다.

누군가가 맞은편에서 걸어온다고 칩시다. 사실 전부터 호감을 갖고 있어서 언젠가 단둘이 이야기를 나눌 수 있으면 좋겠다고 생각했던 사람인데, 눈앞에 다가오고 있습니다. 그런데 지나치면서 그 사람이 눈길을 돌렸습니다. 이 상황을 어떻게 이해하고 대처해야 할까요?

이 상황을 어떻게 생각할지, 그리고 어떻게 행동할지는 사람에 따라 다릅니다. 많은 사람들에게 물어보았더니, 대개는 그가 나를 피한 것이라고 생각했습니다. 그러면 '그 사람에게 미움받고 있는 걸까? 마음에 안 드는 행동을 했나?' 이런저런 생각을 하게 됩니다. 그러나 모든 사람이 그런 것은 아닙니다. 어떤 사람은 "눈에 먼지가 들어갔기 때문"이라고 대답했습니다.

눈에 들어간 먼지 때문에 눈길을 돌린 것처럼 보였을 뿐 나를 싫어하는 건 아니라는 말이지요. 또 다른 사람은 "나한테 마음이 있기 때문"이라고 대답했습니다. 자신에게 호감이 있다 보니 부끄러워서 눈길을 돌렸다는 것입니다.

이런 의미에서의 성격은 타고나는 것이라고 할 수 없습니다. 차츰 어떤 대처 방식에 익숙해진 것입니다. 그렇기 때문에 눈길을 돌렸다고 해서 미움받는다고 생각하는 사람도 처음부터 그랬던 것은 아닙니다. 여러 번 좋아하는 사람(부모였을 수도 있습니다)에게 거부당한 후(미묘한 문제인데, 이는 '결과'는 아닙니다), 이런 식으로 생각하게 되었을 뿐입니다.

불행을 선택하는 습관

행복해지고 싶지만 그 수단을 잘못 선택하는 것과 성격은 어떤 관계가 있을까요? 성격과 행복을 이루는 방법은 사실 다르지 않습니다. 성격에 따라 행복도 달라지기 때문입니다.

케팔로스는 사람이 불행한 진짜 원인은 성격 때문이며, 노년이건 청춘이건 분별력이 없으면 불행해진다고 말했습니다. 그리고 각자의 상황에서 어떻게 할지 아는 것이 '만족'이라고 했습니다.

따라서 용기가 있는 사람들은 무작정 돌진하는 막무가내가 아니라 자신이 처한 상황에서 무엇을 하는 것이 적절한지 제대로 판단합니다. 용기와 만용은 다르기 때문입니다.

어떻게 하면 되는지, 또는 어떤 선택을 하면 좋을지 판단할 때, 무엇이 자신에게 도움이 될지(선일지) 혹은 도움이 되지 않을지(악일지) 알아야 합니다. 이때 무엇이 선인지 판단하는 경향과 유형을 '성격'이라고 할 수 있습니다. 상황이나 대상이 달라져도 똑같거나 비슷한 행동을 하는 이유는 이를 선(혹은 악)이라고 판단하기 때문입니다.

아들러는 성격은 타고난 것은 아니며 바꿀 수도 있음을 '라이프스타일'이라는 단어로 설명했습니다. '라이프'에는 인생,

생활, 생명이라는 복합적인 의미가 함축되어 있습니다. 그리고 '스타일'은 원래 문체, 특유의 문장 표현이라는 의미입니다. 사람이 태어나서 죽을 때까지 자신만의 자서전을 쓴다고 본다면, 자서전을 쓰는 문체를 라이프스타일이라고 할 수 있습니다. 그런데 이 문체는 고유한 것이어서 똑같은 것이 하나도 없습니다.

라이프스타일(성격)은 스스로 선택한 것입니다. 그것도 한 번만 선택하는 것이 아니라 일상생활에서 끊임없이 선택합니다. 그러므로 라이프스타일 또는 성격은 선택의 경향과 유형입니다. 사람은 외부의 자극이나 환경에 기계적으로 반응해서 행위를 선택하지 않습니다. 다른 행위를 선택할 수 있는데도 특정한 행위를 선택합니다.

항상 비슷한 선택을 하는 까닭은 라이프스타일이 마치 안경이나 콘택트렌즈 같아서 이를 통해 이 세상을 보게 되기 때문입니다. 그러면 모든 것이 너무도 당연해져서 다른 행동을 선택하거나 일어난 일을 다르게 볼 수 없게 됩니다. 상대가 눈길을 돌렸다고 해서 미움받는다고 생각할 필요는 없다는 말이지요.

다른 사람들은 항상 비슷하게 행동한다는 사실을 압니다. 그러나 너무도 당연하기 때문에(이를 무의식이라 합니다) 자신은 인식하지 못합니다. 이미 안경이나 콘택트렌즈처럼 시각을 바꿔놓았기 때문에 라이프스타일은 바깥에서만 보입니다. 또한 이에 영향을 미친 요인이 있고, 그 영향력이 강력하다는 특징이 있습니다. 물론 반드시 영향을 받는 것은 아니지만, 어떤 식으로 영향을 받는지 아는 것은 자신을 아는 데 도움이 됩니다.

선택에 영향을 미치는 요인으로는 유전이나 환경, 예를 들면 형제관계, 부모와 자녀와의 관계를 비롯해서 시대, 사회, 문화 등이 있습니다. 뒤에서 살펴보겠지만, 한 부모 밑에서 같은 가정환경에서 자라더라도 아이들의 라이프스타일이 똑같은 경우는 없습니다.

아이는 다른 형제자매와 비슷하게 자랐다고 생각하지 않습니다. 형제자매 간의 차이는 아이가 스스로 라이프스타일을 선택했다고 생각하지 않으면 설명되지 않습니다.

형제간 성격 차이의 이유

사실 유전은 아직 밝혀지지 않은 부분이 많습니다. 문제는 유전적인 약점을 내세워서 자신에게 한계가 있다고 단정하는 데 있습니다. 그런 사람은 흔히 부모를 원망하지요.

부모가 우수한 연구자라서 자녀 역시 같은 길을 선택한다면, 부모가 공부할 만한 계기를 주었거나 부모의 영향을 받아 열심히 공부했을 수도 있습니다. 그러나 책만 파고드는 부모를 보면서 부모같이는 살지 않겠다고 결심하는 자녀도 있습니다.

이런 영향이 아니더라도 부모와 자녀가 비슷하게 보이는 경우가 있는데, 이는 자녀가 오랫동안 부모를 모방하기 때문일 것입니다. 자녀는 어릴 때부터 부모의 옷차림이나 태도 등을 면밀하게 관찰하고, 부모와 똑같은 말을 쓰거나 대화하는 방식까지 닮곤 합니다. "부모의 대화 방식이 질색"이라는 청년이 있었는데, 어느 날 어머니를 만나보니 놀랍게도 대화 방식이 똑같았습니다.

생활에 지장을 줄 만큼 심각한 신체적 장애는 라이프스타일에 당연히 영향을 미칩니다. 어떤 사람은 장애를 극복하고 자립적으로 살아가는가 하면, 매사에 의존적이어서 자신이 할 일마저 다른 사람에게 떠넘기는 사람도 있습니다. 이처럼 삶의 여러 국면에서 어떤 태도를 취할지는 자신이 결정하는 것입니다.

라이프스타일을 결정짓는 데 영향을 주는 또 다른 요인으로 형제자매의 경쟁 관계를 꼽을 수 있습니다. 이는 몇째로 태어났는지, 형제가 몇인지에 따라 달라집니다.

부모는 자녀를 야단치기도 하고 칭찬도 하면서 키웁니다. 자녀도 부모에게서 주목받고 싶어 합니다. 그 경험이 라이프스타일을 형성하는 데 큰 영향을 미칩니다.

아기는 태어나면서부터 주위 사람들에게 주목받습니다. 배가 고플 때, 기저귀가 젖었을 때 아기는 말을 하지 못하므로 울어서 표현합니다. 울면 관심을 보이기 때문입니다.

문제는 언제까지고 관심의 중심에 있을 수 없다는 것입니다. 부모의 힘을 빌리지 않고도 스스로 할 수 있는 일이 늘어나면,

부모는 아이를 항상 지켜볼 필요가 없습니다. 전부는 아니어도 많은 일을 스스로 할 수 있으니까요.

그런데 나이가 들어도 모두가 자신을 받들어주던 기억을 잊지 못하는 사람은 스스로 할 수 있는 일도 다른 사람이 해주기를 바랍니다. 물론 누구도 전처럼 관심을 기울이지 않습니다. 그런데도 어떻게든 예전처럼 주목받고 싶어 합니다.

아이가 학교에서 집으로 돌아와서 "다녀왔습니다." 하고 인사를 합니다. 그런데 아무도 아는 척하지 않으면 더 큰 목소리를 낼 것입니다. 그래도 원하는 만큼 주목해주지 않으면 문제 행동을 일으키기도 합니다.

물론 처음부터 문제 행동을 하지는 않으며, 부모에게 칭찬받으려 합니다. 그러나 칭찬받을 만한 행동을 했는데도 원하는 만큼 주목해주지 않으면 관심을 끌 만한 행동을 합니다. 그래서 부모가 성가시게 여기거나 짜증내는 행동을 할 것입니다. 그래도 주목받지 못하면 야단치지 않을 수 없게 합니다. 형제자매끼리 싸우거나 부모와 다툴 수도 있겠지요. 물론 부모에게 야단맞고 싶지는 않지만, 주목받지 못하는 것보다는 차라리 야단맞는 편이 낫다고 생각합니다.

그런데 아이들을 칭찬하거나 꾸중하면서 키우다 보면 형제간에 경쟁 관계가 형성됩니다. 부모의 관심을 받으면 경쟁에서 이기는 셈이지요. 경쟁에서 이길 수 없다는 생각이 들었을 때 어떻게 행동하느냐에 따라 형제의 성격에는 차이가 생깁니다.

이처럼 아이는 부모에게서 관심을 얻으려 하는데, 이는 형제자매 사이의 순위에 따라 쉽거나 어렵습니다. 그러나 만이로 자랐다고 해서 누구나 비슷하게 크는 것은 아닙니다. 자신이 처한 상황을 어떻게 받아들이고 해석하는지, 문제를 어떤 식으로 해결하는지는 사람마다 행동 유형과 조건이 다르기 때문입니다. 그러므로 만이는 이런 성격이 된다는 식의 도식은 없습니다. 그런데도 만이와 막내는 차이가 커서 '같은' 가정환경에서 자랐다고는 할 수 없을 정도입니다.

만이는 태어나서 몇 년간 부모의 애정과 관심을 독차지합니다. 그러나 동생이 태어나면 왕자님, 공주님으로 자라던 만이가 왕좌에서 밀려납니다. 부모가 맏이에게만 관심을 쏟을 수 없기 때문입니다. 동생을 보살피는 데 시간과 에너지를 쏟아야 하므로 맏이에게는 전처럼 관심을 기울일 수 없습니다. 그럴 때 아이에 따라 행동이 달라집니다.

동생이 태어나기 전처럼 관심을 얻기 위해 부모가 기뻐할 만한 일을 할지도 모릅니다. "이제 오빠(형, 누나, 언니)가 됐으니까 오늘부터 혼자 자야 해"라는 말을 들었다면 무서워도 혼자 잠들려 할 것입니다. 부모가 바쁘면 동생을 보살피기도 합니다. 그러면 부모에게 칭찬받기 때문입니다.

그러던 어느 날, 엄마가 저녁 준비를 하는 동안 동생을 보살피고 있었는데 동생이 큰 소리로 울음을 터뜨렸다고 합시다. 아이가 우는 소리에 놀란 어머니가 달려와서는 "잠깐 봐달라고 맡겨놓았더니 제대로 하는 일이 없구나."라고 말합니다. 물론 부모로서는 적절치 못한 말이지만, 자녀는 변명조차 못하고 야단을 맞습니다.

칭찬받을 만한 행동을 하고도 부모의 관심을 얻을 수 없다면, 차라리 부모가 곤란해할 만한 행동을 해서 부모의 관심을 끌려고 합니다. 처음부터 그럴 작정은 아니었지만, 칭찬받을 만한 행동을 해도 관심을 얻을 수 없으니 야단맞을 행동을 일부러 하는 것입니다.

이런 식으로 맏이는 노력하고 근면하지만, 힘을 과시하여 동생에 대해 우월감을 느끼려 하므로 지배적일 수 있습니다. 또한 왕좌에서 쫓겨난 경험이 계기가 되어(결과가 아닙니다), 보수적이고 변화를 좋아하지 않는 사람이 되기 쉽습니다.

연애를 할 때도 경쟁자의 출현을 두려워하는 경향이 있습니다. 지금은 나만 사랑해주지만 언젠가 경쟁자가 나타나서 마음이 변하지는 않을까 걱정합니다. 의심이 생기면 상대의 모든 언동이 변심의 전조로 보입니다. 정작 그렇게 되면 두 사람의 관계가 어떻게 될지는 불 보듯 뻔합니다.

가운데에 낀 아이는 부모의 관심을 독점해본 경험이 없습니다. 태어났을 때부터 위로 형제자매가 있었고, 곧 동생이 태어났습니다. 그래서 부모의 관심을 충분히 받지 못했다고 느끼고, 부모나 동기에게 의지하지 않는 자립적인 사람으로 자라곤 합니다. 물론 부모의 관심을 얻기 위해 문제 행동을 일으키는 경우도 있습니다.

아이들은 이길 가능성이 있다면 다른 형제와 같은 영역에서 경쟁합니다. 처음부터 이길 가능성이 전혀 없다는 생각이 들면 승부하려 하지 않습니다. 그 대신 형제와는 다른 분야에 도전합니다. 그런데 그것마저 힘들 경우, 비행을 선택하는 아이도 있습니다. 어쨌든 경쟁에서 이기고 싶기 때문입니다. 가정에서의 보상은 바로 부모의 관심입니다. 그래서 부모의 관심을 얻기 위해 수단과 방법을 가리지 않기도 합니다. 칭찬받을 만한 행동을 해서 부모의 관심을 얻지 못하면 부모가 걱정하는 행동을 해서라도 관심을 끌려고 합니다.

막내는 "이제 오빠(형, 누나, 언니)가 됐으니까 오늘부터 혼자 자야 해."라는 말을 들을 수 없습니다. 위의 형제자매들이 일정한 나이가 되면 해낸 일을 막내가 하지 못하더라도 부모는 걱정하지 않습니다. 막내는 스스로 해결하지 못하는 모습을 보임으로써 부모의 관심을 얻습니다. 그래서 의존적인지도 모릅니다. 스스로 할 수 있는 일까지 남의 힘을 빌리면 안 되겠지만, 모르는 일이나 혼자서 해결하지 못하는 일이 있다면 남에게 묻거나 도움을 청하기를 주저하지 않습니다. 그런 성격 덕분에 사랑받기도 합니다.

외동은 형제자매 사이의 경쟁 관계를 경험하지 못합니다. 형제가 있는 아이는 먹을 것을 빼앗기지 않기 위해 지켜야 하지만 외동은 그럴 필요가 없습니다. 그래서 이기적이고 남을 배려하지 않으며 자기중심적인 경우도 있습니다. 그러나 한편으로는 자립적인 측면도 있습니다.

이렇듯 형제와의 관계에서는 불리한 면도 있지만, 이를 극복하는 방법은 사람에 따라 다릅니다. 형제자매 간의 경쟁에서 진 아이가 부모의 관심을 얻기 위해 택한 방법이 적절하지 않을 때가 있습니다. 어떻게 하면 좋을지 뒤에서 살펴보겠습니다.

쌍둥이 자매 중
누가 더 열등감을 느낄까?

부모가 옳지 않은 말을 했을 때 적극적으로 싫다고 표현하지 않으면 문제가 생길 수 있습니다.

쌍둥이 자매가 있었는데, 둘 다 공부를 잘해서 학원까지 다니며 중학교 입시에 힘썼습니다(일본의 경우, 명문 사립중학교에 들어가려면 따로 시험을 쳐야 한다— 옮긴이). 그런데 한 사람은 합격하고, 한 사람은 떨어졌습니다. 얼마 후, 쌍둥이 자매 중 하나가 적면공포증에 걸렸습니다. 이는 시선공포증이라고도 하는데, 남들이 쳐다보는 것을 병적으로 두려워하고 긴장해서 얼굴이 빨개지기도 합니다. 그런데 둘 중 누가 적면공포증에 걸렸을까요?

이 물음에 답하려면 몇 가지 사항을 고려해볼 필요가 있습니다. 형제자매는 경쟁하게 마련인데, 일반적으로 나이 차이가 적을수록 경쟁은 치열해지고 쌍둥이라면 더욱 심합니다.

사람은 자신을 평가할 때 크게 두 가지 기준을 가지고 있습니다. 우선 공부를 잘하느냐, 못하느냐 하는 것입니다. 요즘 같은 시대에 공부에 관심을 가질 수밖에 없을 테고, 부모가 일찌감치 공부를 강요한다면 반발심이 들더라도 공부를 잘하고 싶을 것입니다. 또 다른 기준은 친구가 많은지 적은지, 또는 친구를 쉽게 사귀는지 그렇지 않은지 하는 것입니다. 친구가 많거나 친구를 쉽게 만드는 아이는 성격이 밝아 보입니다. '밝다'의 반대는 '어둡다'인데, 대개는 밝은 편이 좋은 인상을 줍니다.

쌍둥이 자매의 경우, 언니는 사교적이고 친구도 많은데 동생은 그렇지 않았습니다. 그렇지만 동생은 '나는 공부를 잘하잖아'라고 위안했습니다. 그러나 언니 역시 공부를 잘해서 두 사람 모두 사립중학교에 응시했습니다. 두 사람이 모두 합격했거나 떨어졌더라면 아무 일도 일어나지 않았을 것입니다. 그런데 한 사람은 합격하고 한 사람은 떨어졌지요.

사실 적면공포증에 시달린 사람은 합격한 동생이었습니다. 왜 그랬을까요? 동생은 자신과 실력이 비슷하거나 공부를 더 잘하는 아이들만 모인 사립중학교에 들어갔기 때문에 전처럼 좋은 성적을 받을 수 없었습니다. 그런데 공립중학교로 진학한 언니는 여전히 수를 받았습니다. 그러자 동생은 언니에게 졌다고 생각했습니다.

공부를 못한다는 것이 동생에게 열등감을 불러일으켰습니다. 열등감은 뒤떨어졌다는 '느낌'입니다. 딱히 뒤떨어진 것도 아닌데 말이죠.

비슷한 예로 미인인데도 못생겼다며 열등감을 갖는 경우가 있습니다. 혹은 다른 사람과는 다른 점이 열등감이 되는 경우도 있습니다.

작가 시바 료타로는 달을 아무리 쳐다봐도 토끼가 보이지 않았던 것이 어릴 적 강한 열등감을 불러일으켰다고 말했습니다. 사람들은 달의 표면이 어떻든 무슨 상관이냐고 이상해할지 모르지만, 다른 사람들이 보는 것을 보지 못하는 것이 그에게는 중대한 문제였던 것입니다.

앞에서 말한 두 가지 기준 중 어느 것에든 자신감이 있으면 대개는 문제가 없습니다. 그러나 동생은 언니에게 졌다고 생각했습니다. 언니보다 친구도 적고 공부도 못한다는 실망감, 낙담은 극복할 수 있는 것이지만, 공부에서도, 사교에서도 벽에 부딪힌 사람은 건설적이지 못한 방법으로 문제를 해결합니다.

우선, 문제 행동을 합니다. 관심을 얻기 위해 화나거나 짜증 나게 하는 행동을 하는 것이지요. 그래서 부모가 엄하게 꾸중해도, 오히려 엄하게 꾸중하기 때문에 그런 행동을 멈추지 않습니다. 관심을 얻을 만한 다른 방법도 있는데 말입니다.

쌍둥이 자매 중 동생이 적면공포증에 걸린 것은 이대로라면 부모의 관심을 얻을 수 없다고 느꼈기 때문입니다. 친구도 없고 공부도 못하는 자신에게 부모가 더 이상 관심을 기울이지 않을 것이라고 생각했던 것입니다.

신경증은 부모를 걱정하게 하고 다른 자녀에게 향한 부모의 관심을 자신에게로 쏠리게 하는 것이 목적입니다. 불안신경증에 걸린 한 고등학생이 등교를 거부했습니다. 걱정이 된 어머니는 직장을 그만두고 낮에도 아이와 함께 지냈습니다. 잠이 깼을 때 불안해할지 모른다면서 밤에도 어머니 옆에서 자도록

했습니다. 쌍둥이 동생에게 나타난 적면공포증도 이런 목적이
있었습니다.

공포증 때문에
이성을 사귈 수 없다고?

동생의 적면공포증에는 또 다른 목적이 있었습니다. 적면공포
증이 나으면 무엇을 하고 싶은지 물었더니 "남자친구를 사귀
고 싶다."고 대답했습니다. 동생은 남자친구를 사귈 만한 자신
감이 없었기 때문에, 이를 회피하고 싶었던 것입니다. 이를 회
피하려면 자신이나 주위 사람이 "남자를 사귀지 못할 수밖에"
라며 납득할 만한 이유가 있어야 합니다.

　아들러는 신경증을 열등 콤플렉스로 설명했습니다. "A이기
때문에 (또는 A가 아니기 때문에) B를 할 수 없다."는 논리를 일상
생활에서 많이 사용한다는 것이지요. B를 할 수 없는 이유로서

'어쩔 수 없다'고 스스로도, 다른 사람도 납득할 만한 A를 내미는 셈입니다.

그렇지만 못한다는 사실은 인정하고 싶지 않습니다. 다른 사람에게 그것도 못한다는 인상을 주어 체면을 구기고 싶지 않으니 그렇게 못하는 이유가 필요한데, 이때 신경증이 이용되곤 하는 것이지요.

그녀의 경우는 적면공포증이 그 이유고, 그래서 남성과 사귈 수 없다고 말하고 싶은 셈입니다. 이유는 무엇이든 상관없으니 친숙한 방법을 선택하게 되겠지요.

내가 상담했던 적면공포증에 걸린 중학생 역시 남자친구를 사귈 만한 자신감이 없어서 공포증에 걸렸었습니다. '적면공포증이 심해서 남자친구도 사귈 수 없다'라는 핑계가 필요했던 것이죠. 아무 이유도 없이 남자친구를 사귀지 못한다고는 인정하고 싶지 않았을 겁니다. 그래서 적면공포증이 낫더라도 그 증상이 필요한 목적, 즉 남자친구를 사귀지 못하는 것을 정당화할 필요가 있다면 또 다른 증상이 발현될 소지가 다분했습니다.

그런데 적면공포증이 남자친구를 사귀지 못하는 이유가 될까요? 첫 만남에서 자리에 앉자마자 활발하게 이야기하는 여성보다 얼굴을 붉히며 긴장해서 이야기도 제대로 못하는 사람에게 호감을 갖는 남성도 있을 것입니다.

나는 그 학생에게 "적면공포증이 사라지면 밝은 인생이 펼쳐질 것이라고 생각할지 모르지만, 그렇지 않다. 그렇다면 어떻게 할 것인가?"라고 물었습니다. 그 증상이 불필요해지지 않는 한 다른 증상이 나타날 테니까요. 그러므로 적면공포증의 완치를 상담 목표로 삼을 수는 없었습니다.

상담은 목표를 달성하면 끝납니다. 당장 드러난 증상만 없애겠다는 것을 목표로 삼아서는 현재의 증상을 없앨 수는 있어도 다른 증상이 또 나타날 것입니다. 그러니 증상이 필요하지 않도록 치료해야 합니다. 그러려면 어떻게 해야 하는지 다음 장에서 살펴보겠습니다.

우리가 잊어야 할 부모의 말

라이프스타일을 결정할 때 형제자매뿐만 아니라 부모도 영향을 미칩니다. 부모는 자녀에게 절대적인 힘을 가진 존재이므로, 부모의 힘에 압도된 아이는 어떤 욕구나 희망도 드러낼 수 없습니다.

부모가 큰 소리로 야단을 치면서 손을 대는 것이 어떤 영향을 미치는지는 뒤에서 다시 살펴보겠지만, 그렇게 해서라도 부모의 관심을 받고 싶어 합니다. 그래서 부모가 자녀에게 "너는 이런 성격이야."라고 말하면 부정하기가 어려울 것입니다.

자녀 일로 상담하러 오는 부모님들은 자녀의 단점, 결점, 문제 행동에 대해 이야기를 늘어놓습니다. 내가 중간에 끊지 않으면 계속 이야기할 정도입니다. 공책에 조목조목 정리한 것을 들고 와서 읽어주는 사람도 있습니다. 이런 경우 부모는 자녀의 결점이나 단점밖에 보지 않습니다. 아직도 할 이야기가 남은 듯한 부모에게 이렇게 물어봅니다.

"자녀분의 단점과 결점은 잘 알았습니다. 그러면 자녀분의 장점에 대해 이야기해주시겠습니까?"

그러면 그토록 열을 올리며 이야기하던 부모는 말을 잃습니다.

"예? 장점 말입니까? 아, 그게……."

아이의 입장에서는 부모가 자신을 이런 식으로 생각한다는 사실을 알면 기분이 나쁠 것입니다. 자녀의 단점과 문제 행동만 늘어놓고는 카운슬러의 이야기는 들으려고도 하지 않고 속이 후련해졌다는 듯 돌아가려는 부모도 있습니다. 이런 부모는 자신은 아이를 제대로 키웠는데 아이에게 문제가 있으니 아이의 잘못이 크다는 점을 알아달라고 호소하는 것만 같습니다. 자녀를 적으로 여기는 부모를 자녀가 좋아할 수는 없습니다.

우선, 부모가 말하는 자녀의 단점이나 결점은 자녀에 대한 부모의 견해일 뿐입니다. 예를 들면 초등학생의 부모가 아이가 공부를 안 한다고 말할 때, 그 속뜻은 '내 눈에는 이 아이가 공부를 하지 않는 것처럼 보인다'거나 '내가 기대하는 만큼 공부하지 않는다고 생각한다'는 것입니다.

부모와 자녀의 대화에서 부모가 의견을 기정사실인 양 표현하는 것이 문제가 되곤 합니다. "너는 대인관계가 서툰 아이야." 하는 말은 부모가 자녀를 그런 식으로 보는 데 불과합니다.

부모가 자녀에게 "뭘 해도 끝까지 해내는 게 없구나. 싫증을 잘 내는 아이야."라고 한다면, 부모가 자녀를 그런 식으로 본다는 것이지, 부모의 견해가 맞는지는 알 수 없습니다.

그런데 자녀는 부모에게서 영향을 받기 때문에 부모의 말에 의해 주술에 걸려들고 맙니다. 부모의 견해를 자신에 대한 유일한 견해라고 믿어버리는 것입니다.

게다가 이 사회는 자신의 장점을 인정하고 남에게 말하는 것을 그다지 바람직한 행동으로 여기지 않습니다. '나는 머리가 좋고 이야기를 잘한다'는 식으로 표현하는 것을 바람직하게 여기지 않기 때문에, 부모뿐 아니라 스스로도 장점이 무엇인지 이야기하지 못합니다. 주눅 들 필요가 없는데도 어느새 단점밖에 보지 않습니다.

휴대전화는 새로운 기종이 나오면 바꿀 수 있습니다. 그러나

'나'라는 도구는 아무리 고약한 버릇이 있어도 마음에 들지 않는다고 해서 새로 사서 바꿀 수가 없습니다. 앞으로도 자기 자신과 원만하게 지내야 합니다. 누가 뭐라든 자기 자신을 좋아하고 싶어도 오랫동안 같이 살아온 부모에게서 받은 영향을 씻어내기는 어렵습니다.

가족이라는 덫

그런데 부모가 자녀를 평가하거나 야단치거나 칭찬할 때, 나름의 기준이 있습니다. 이것을 가족 가치라고 합니다.

요즘 세상에서는 학력이 전부라고 믿는 부모가 있다고 칩시다. 그래서 일찍부터 자녀를 명문 유치원이나 초등학교에 보내려 합니다. 그러려면 친구들이 뛰어놀 때도 아이는 학원에 가서 입시 공부를 해야 합니다. 이런 부모의 요구에 대해 아이는 태도를 결정해야 하는데, 동의할 수도 있고 반대하거나 무시할 수도 있습니다.

그러나 아버지와 어머니의 가치관이 같으면 가족 가치는 자녀에게 강한 영향력을 미치게 되므로 반대하기가 어려워집니다. 개중에는 부모의 가치관을 아무 의심 없이 받아들이는 자녀도 있습니다. 물론 공부하겠다는 결심이 부모의 영향과는 관계없는 경우도 있기는 합니다.

아버지와 어머니의 가치관이 달라서 이를 두고 논쟁할 때도 가족 가치는 강한 영향력을 발휘합니다. 다만 한쪽은 가치가 있다고 생각하더라도 다른 사람은 그에 대해 특별한 견해를 갖지 않고 무관심하면 그렇지 않습니다.

대학생 때 아르바이트로 가정교사를 한 적이 있는데, 우리 집 말고는 다른 가정에 드나든 경험이 별로 없어서 분위기가 전혀 다른 가정이 있다는 것을 그제야 알았습니다. 이것이 두 번째로 부모가 영향을 미치는 가정의 분위기입니다.

무엇인가 결정할 때 어떤 과정을 거쳐 정해지는지도 분위기에 좌우됩니다. 가족의 분위기에는 횡적인 것과 종적인 것이 있습니다. 아버지나 어머니가 결정권을 갖고 자녀는 그 결정에 따르는 것이 당연시되는 가정이 있는가 하면, 가족 구성원이 각자 동등하게 영향을 미치는 가정도 있습니다.

가정의 가치에 대해서는 의식적으로 태도를 정할 수 있지만, 가족의 분위기는 자신도 모르게 영향을 받기 때문에 그 영향에서 자유로워지기가 어렵습니다. 자신의 가정과 다른 가정을 비교할 기회가 있다면 가족의 분위기가 어떤지 알 수 있지만, 대개는 결혼하고 나서야 자신이 태어나서 자란 가족의 분위기가 유일하고 절대적인 것이 아니었음을 깨닫게 됩니다.

어떤 남성은 아내가 불만을 품는 이유를 알지 못했습니다. "매주 아내와 자녀를 어디든 데리고 가주었고, 1년에 한 번은 여행도 가졌는데 뭐가 불만이야."라고 말했습니다. 그런데 '데리고 가주었다'는 의식이 아내는 불만이었습니다. 횡적인 분위기에서 자랐기 때문에 남편(아버지)이 어딘가로 데리고 가주는 것이 아니라 같이 가서 재미있게 지낸다는 개념이 맞다고 생각했던 것입니다. 그러나 그 남성은 어릴 적에 그 아버지도 가족을 어딘가로 데리고 '가주었던' 것이고, 그 이외의 방식은 몰랐을 것입니다. 그러니 힘으로 문제를 해결하는 부모도 자신의 부모에게서 받았던 교육을 자녀에게 재현한다고 볼 수 있습니다.

이렇듯 가족의 분위기는 라이프스타일을 결정할 때 큰 영향을 미칩니다. 그러나 앞서 말했듯 같은 분위기에서 자란 자녀라고 해서 반드시 똑같지는 않습니다.

사회가 개인의 성격에 미치는 영향

성격이 형성될 때 영향을 미치는 또 다른 요소로 문화가 있습니다. 가족의 분위기와 마찬가지로 이 또한 무의식적으로 몸에 배기 때문에, 의식적인 것이라면 받아들일지 말지를 결정할 수 있지만 문화는 자신도 모르게 사고방식, 감정에 침투합니다.

다른 사람이 무엇을 느끼고 필요로 하는지 말로 하지 않아도 알아야 한다고 생각하는 것도 문화의 영향입니다. 흔히 말하는 배려나 사려 등인데, 좋게 평가되곤 하지요. 물론 말하지 않아도 다른 사람의 생각을 이해할 수 있다면 좋은 일입니다.

그런데 실제로는 그러기가 쉽지 않은데도, 다른 사람이 무슨 생각을 하는지 당연히 이해할 수 있다고 생각하는 사람이 있습니다. 그런 사람에게서 "네 기분은 내가 알아."라는 말을 들어봤자 난감해질 뿐입니다. 자녀 일로 상담하러 온 부모가 "아이에 대해서는 부모인 내가 가장 잘 알고 있습니다."라고 하면 정말 곤혹스럽습니다.

문제는 짐작이나 배려를 중요하게 여기는 사람은 다른 사람이 말하지 않아도 그 기분을 알고자 하고 알고 있다고 생각하지만, 마찬가지로 자신이 아무 말도 하지 않아도 다른 사람이 자신이 무엇을 느끼고 생각하고 원하는지 알고 있고 알아야 한다고 생각한다는 점입니다.

그러나 무슨 생각을 하는지는 말로 하지 않으면 모릅니다. 다른 사람이 자신의 기분을 알아채거나 배려해주리라고 기대할 수 없다는 말입니다. 물론 부탁하면 배려해주겠지만, 그것은 호의를 베푸는 것이지 의무는 아닙니다.

이렇듯 다른 사람이 자신이 무슨 생각을 하고 무엇을 느끼는지 짐작하는 것이 당연하다고 여기면서 성장하면, 의존적인 성격이 될 수도 있습니다.

다행인지 불행인지 모르겠지만, 이런 식으로 생각하는 사람 주변에는 도와주는 사람이 항상 있습니다. 대개는 부모가 그렇지요. 어릴 때부터 요구 사항을 말도 하기도 전에 알아채고 스스로 할 일까지 알아서 해주는 데 익숙한 사람은 커서도 자신의 부모와 똑같이 배려해주기를 주위 사람들에게도 기대하게 됩니다.

말에는 반드시 책임이 따릅니다. 잠자코 입 다물고 있는 것은 말에 따르는 책임을 지지 않겠다는 뜻입니다. 가만히 있으면 다른 사람과의 마찰이나 알력을 피할 수 있을지는 모르지만, 자신이 생각하는 것을 이해받지 못하고 길게는 대인관계를 해치는 결과를 불러옵니다. 이것이 말하지 않는 데 따르는 책임이기도 합니다.

말을 꺼내어 주위에 파문을 일으킬지도 모르지만, 마찰이 두렵다고 아무 말도 하지 않고는 아무도 자신을 이해해주지 않는다고 불평만 늘어놓는 것은 착각입니다. 말하지 않으면 아무도 자신이 무슨 생각을 하는지 알지 못합니다.

일본에서는 '공기空氣(그 자리에 감도는 기분이나 분위기— 옮긴이)'를 읽는 것이 중요하다는 말이 있습니다. 공기를 읽지 못해서 과도하거나 부당하게 비난당하면 주장을 내세워야 하는 상황에서도 입을 다물고 무엇을 하거나 말을 할 때도 남의 안색을 살피게만 됩니다. 협조적인 면만 중시되다 보니 이의를 제기했다가는 공기를 읽지 못한다는 말만 듣습니다. 이상하다는 생각이 들어도 목소리를 내지 못하게 됩니다. 어느새 할 수 있는 없다는 무력감을 느끼게 됩니다.

이처럼 자신이 태어나서 자란 문화가 말로 소통하기보다는 공기를 읽는 것을 중시하게 되면 자신도 모르게 그 영향을 받게 됩니다.

chapter 3

나는
언제라도
변할 수 있다

상처받지 않으려
또 다른 상처를 만드는 아이러니

초등학교에 다니던 어느 날, 자화상을 그려보라는 과제가 주어
졌습니다. 거울을 보면서 그린 그림이 제법 잘되어 스스로도
만족스러웠습니다. 그림은 교실 뒤 벽에 전시되었습니다. 그런
데 반 친구가 이름과 그림을 번갈아 쳐다보다가 "하나도 안 닮
았어." 하고 거침없는 비평하는 것이 들려왔습니다. 그래서 나
는 내 그림에 '닮지 않았음'이라고 써 넣었습니다.

　그 무렵, 나는 스스로를 별로 좋아하지 않았습니다. 당시는
학급 임원으로 반장을 한 명만 선출했는데, 운동도 잘하고 키

큰 친구가 반장에 뽑혔습니다. 공부는 곧잘 했지만 성격이 밝지 않고 활발하지도 않은 내가 선출되는 법은 없었습니다.

상담을 할 때 "자신을 좋아합니까?" 하고 물으면, 피상담자는 대개 "난 내가 싫어요."라거나 "좋아하지 않아요."라고 대답합니다. "왜 싫습니까?"라는 질문에 어릴 때 부모님이 칭찬해주지 않아서라고 대답한 사람이 있습니다. 그 부모는 자녀의 단점과 결점만 지적했을 것입니다.

이처럼 자신에게 심한 말을 하는 부모 때문에 자신을 싫어하게 되기도 하지만, 자신을 좋아하기 때문에 부모에게 화를 내거나 부모를 미워하게도 됩니다. 부모가 자신을 칭찬해주지 않았기 때문에 싫어하게 되었다고 대답한 사람은 자신과 다른 반응이 있다는 것은 생각도 하지 못했을 것이고, 사실은 좋아하지 않기로 스스로 결정했다는 점을 깨닫지 못합니다.

다른 사람을 바라볼 때, 꼼꼼하고 올곧은 점이 좋다고 하면서도 사소한 일로 고집을 부리고 까탈 부리는 사람이라고 생각하거나, 너그러운 점이 좋았는데도 무신경한 사람으로 여기게 되거나, 온화한 사람을 우유부단하다고 보게 되는 경우가 있습니다.

이처럼 상대방에 대한 견해를 바꾸는 데는 목적이 있습니다. 그 사람과 관계를 끊으려고 결심했기 때문입니다. 예전에는 좋아했지만 지금은 마음이 식어버린 사람과 헤어지려 할 때는 그 결정을 정당화할 만한 이유가 필요합니다. 자기 자신에 대해서도 마찬가지입니다. 처음에는 자신을 좋아하지 않기로 결심했는데, 그러다 보면 무엇이든 장점이 아닌 단점으로 보이기 시작합니다.

자기 자신을 좋아하지 않는 사람은 왜 그렇게 결심했을까요? 첫째로는 지금과 다른 라이프스타일을 선택하면 무슨 일이 일어날지 예상할 수 없기 때문입니다.

실연의 아픔을 딛고 일어나니 비로소 마음에 드는 사람이 나타납니다. 용기를 내서 고백하고 새로운 연애를 시작합니다. 상대는 그 전의 자신을 아무것도 모를 테니 다르게 행동할 수 있습니다. 그런데도 만남이 지속되면 원래의 자기 자신으로 돌아옵니다. 새로운 학교로 전학 갔을 때도 마찬가지로 그 전까지의 자신에 대해 아는 사람이 아무도 없습니다. 전에 다니던 학교에서는 얌전하고 조용했지만 이번에는 활발하게 지내야겠다고 생각해도 그 결심은 위축됩니다.

새로운 자신으로 처신하면서 다음에 무슨 일이 일어날지 알 수 없어 불안해하기보다는 익숙한 방식으로도 충분하다고 생각하기 때문입니다. 그런 의미에서 라이프스타일을 바꾸지 않겠다, 원래의 라이프스타일로 살아가겠다고 끊임없이 결심하는 셈입니다. 그러니까 라이프스타일을 바꾸려면 그대로 두겠다는 결심을 버릴 필요가 있습니다.

자기 자신을 좋아하게 되고 적극적으로 대인관계를 맺는다고 해도 좋은 결과가 될지는 알 수 없습니다. 다른 사람과 좋은 관계를 만들지 못한다면 라이프스타일의 탓으로 돌립니다. 그러면 지금의 라이프스타일이 불편하니 반드시 바꿔야겠다고 생각하지 않고 오히려 라이프스타일을 고수하면서 다른 사람과 관계를 회피하는 행동을 정당화하게 됩니다.

상대가 눈길을 돌리면 자신을 피한다고 생각하는 사람은 처음부터 눈길을 돌린 사람과 관계를 쌓으려는 생각조차 하지 않습니다. 거부당할 바에야 아예 관계를 맺지 않는 편이 낫다고 여기는 것이지요. 그래서 애초에 그런 일이 일어나지 않도록 다른 사람, 특히 호감 가는 사람과는 관계를 맺지 않으려고 자기 자신을 좋아하지 않는 상태를 고수하기로 결심합니다.

자기 자신을 좋아하지도 않을뿐더러 자신감을 갖지 못하면 대인관계에서 적극적일 수 없습니다. 상대가 눈길을 돌린 것을 두고 자신을 피한다거나 미워한다고 생각하기로 결심하는 목적은 그 사람과 관계를 깊게 맺지 않기 위해서입니다.

이렇게 자기 자신을 좋아하지 않는다는 것을 좋아하는 사람에게 마음을 털어놓지 못하는 이유로 삼을 수 있습니다. 그뿐 아니라 처음부터 미움을 받고 있다고 믿어버림으로써 부전패 不戰敗 상태를 만듭니다.

라이프스타일을 천성이라고 믿고 싶어 하는 사람도 마찬가지입니다. 천성이라면 지금의 라이프스타일에 대해 아무 책임이 없다고 둘러댈 수 있으니까요. 부모를 탓할 수도 있습니다. 그렇게 함으로써 대인관계를 원만하게 이끌어나가지 못하는 이유가 생깁니다.

익숙한 선택을 고집하는 이유

자신을 좋아하지 않으면 인생에서 해결해야 하는 과제에 적극적으로 몰두하려는 의욕이 생기지 않습니다. 한편, 인생의 과제에 정면으로 마주하려고 마음먹지 않으면 자신을 좋아할 수도 없습니다.

라이프스타일은 어느 날 갑자기 선택하는 것이 아니라 시행착오를 거듭하면서 현재의 라이프스타일로 살아가겠다고 생각을 굳히는 것입니다. 때로는 부자연스럽고 불편하다고 느끼면서도 쉽사리 바꾸지 못하고 차일피일 미룬 것이지요.

그러나 라이프스타일은 선택할 수 있다는 사실을 깨달아야 합니다. 그러려면 현재의 라이프스타일이 아니라 새로운 라이프스타일이 훨씬 선^善이라는 점, 즉 '도움이 된다'는 점을 이해하면 바꿀 수 있습니다.

지금과는 다른 성격이 되겠다고 굳게 결심한들 어떻게 변해야 할지 모르면 바꿀 수 없습니다. 막연하게 '나의 이런 성격은 싫다'고 해서는 변화하기 어렵습니다. 그러므로 구체적으로 어떻게 해야 할지 알아야 합니다. 라이프스타일이란 문제를 해결하는 행동 유형 또는 버릇 같은 것이므로 같은 문제에 대해 비슷하게 처신한다는 특성이 있습니다. 상대가 달라져도 행동은 바뀌지 않습니다.

앞에서 이야기한 적면공포증에 걸린 쌍둥이 동생과 상담할 때는 먼저 자신감을 갖도록 상담을 진행했습니다. 적면공포증이 나으면 남자친구를 사귀고 싶다고 했던 것은 남자친구를 사귀는 일에 자신감이 없어서 이성교제 자체를 피했던 것이니, 자신감을 갖도록 도와주고 싶었습니다.

처음에 동생은 머리를 짧게 자르고 굵은 뿔테 안경을 썼는

데, 얼마 지나자 안경을 콘택트렌즈로 바꾸고 머리를 길렀습니다. 내면의 변화가 겉모습까지 달라지게 한 것입니다.

그러던 어느 날 동생은 "어제 미팅에 나갔어요."라며 노래방에 갔다고 했습니다. 적면공포증이 상당히 개선되었던 것입니다.

"이튿날 같이 갔던 친구한테는 상대방 남자가 전화를 했대요."

"뭐라고 했다던가요?"

"사귀자고 했대요. 그런데 나한테는 전화가 오지 않았어요."

그렇게 말하고는 큰 소리로 웃었습니다. 그 시점에서 동생에게 남자친구를 사귀는 일은 인생의 최우선 과제가 아니었습니다.

동생 역시 자신을 평가하는 두 가지 기준이 충족되지 않았다는 점에서 자신을 좋아하거나 받아들이지 못했고, 그래서 자신감을 갖지 못했습니다. 물론 동생의 생각일 뿐이었지요. 자신감을 가지지 못하는 상황도 스스로 수행해야 하는 과제를 회피하는 것이었습니다. 동생이 회피하려 했던 이성교제는 최우선 과제로 삼지 않게 되면서 해결되었지만, 언젠가는 중요한

과제로 돌아오겠지요. 남자친구뿐 아니라 대인관계는 살아가
면서 피할 수 없는 문제입니다.

동생은 자존심에 상처를 입지 않으려다 보니 적면공포증이
되었고, 이는 남들과 원만한 관계를 맺을 수 없다고 납득하기
위한 이유였습니다. 그러나 이런 식으로 납득하는 방법은 건설
적이지 않습니다. 그렇다면 질병으로 몰아가지 않아도 자신을
받아들이는 방법은 없을지 살펴봅시다.

관심에 허기진 당신에게

다른 사람에게서 주목받고 싶다는 욕구는 누구나 지닌 욕구가
아닙니다. 어떤 행동을 했는데 그에 타당한 관심을 받지 못할
경우, 부모에게 칭찬받고 자란 사람은 그런 상황을 도저히 받
아들일 수 없다고 느낍니다.

대개 좋아하는 사람이 있다면 자신을 돌아봐주기를 바랍니

다. 그래서 그 사람에게 칭찬받을 만한 행동을 합니다. 이때 어른이라면 "잘했어."라는 말을 들어도 기분이 좋지만은 않을지도 모르지요. 어쨌든 보상이나 감사의 표현은 받고 싶어질지 모릅니다.

남녀 관계에서 상대방이 바쁘다는 것을 알면서도 시도 때도 없이 전화를 거는 경우가 있습니다. 좋아하는 사람이 전화를 해주면 반갑지만, 너무 잦아지면 짜증이 나거나 귀찮게 여겨집니다. 그런데도 상대방의 상황은 아랑곳하지 않고 매일 그런 행동을 반복하면, 나중에는 "미안한데, 오늘은 그만 잘게." 하고 도중에 전화를 끊거나 전화를 받지 않는 일이 늘어날 것입니다. 그러면 너무하는 것 아니냐며 결국 싸움으로 번집니다.

감정적으로 굴지 않겠다고 생각하다가도 자신이 옳다고 믿으면 상대방과 힘겨루기를 벌이게 됩니다. 그리고 어떻게든 자신이 옳다고 증명하거나 상대방이 잘못을 인정하게 만들려 합니다. 이렇게 싸움이 시작됩니다. 싸울 정도면 사이가 좋은 것이라 하는 사람도 있는데, 나는 아니라고 생각합니다. 싸울 때는 상대방과 의사소통이 되지 않기 때문입니다. 그때 두 사람 사이에는 사랑이 없습니다. 말이 잘 통한다고 느끼면 사랑에 빠지듯 말입니다.

사랑을 잃을 위험까지 감수하면서 상대의 주목을 원하는 것이 어이없기는 하지만, 그렇게까지 주목받고 싶어 하는 것은 당연합니다. 무시당하는 것을 좋아할 사람은 없으니까요. 그러나 무시도 일종의 관심입니다. 자신이 좋아하는 사람이 싫어한다고 말하는 편이 오히려 생각조차 하지 않는 것보다 잘될 확률이 높습니다. 싫다고 생각하는 만큼은 관계가 성립되어 있기 때문입니다.

관심조차 받지 못한다는 것은 살아 있는 존재조차 부정당하는 것 같은 기분이 듭니다. 그렇지만 아기처럼 주변 사람의 주목을 받을 일은 없습니다. 주목받고 싶은 욕구가 당연한 반응은 아니라는 말입니다.

부당함에 맞서는 '건강한 반항'

반드시 주목받아야 한다고 생각하는 사람은 야단맞거나 칭찬을 받으며 자란 성장 과정과 관계가 있습니다. 야단맞거나 칭찬받는 것은 다른 사람의 안색을 살피게 만듭니다. 복도에 떨어진 휴지를 줍는 행동은 누군가에게 인정받기 위해 하는 것은 아닙니다. 칭찬받으며 자란 사람은 휴지를 보면 일단 주위를 둘러봅니다. 그리고 자신의 행동을 보고 칭찬해줄 법한 경우에만 휴지를 줍습니다. 휴지를 줍는 행동을 다른 사람이 어떻게 봐줄지를 먼저 생각하는 것입니다.

야단맞고 자라면 야단치지 않는 사람 앞에서는 상식적이지 않은 행동을 하기도 합니다. 무서운 선생님 앞에서는 얌전하게 굴다가도 혼내지 않는 선생님 앞에서는 태도를 바꾸는 것입니다.

소극적인 성격이라면 야단치는 사람 앞에서는 문제 행동을 하지 않지만, 적극적으로 적절한 행동도 하지 않습니다. 어떻게 하면 적절한 행동인지 스스로 판단하지 못하는 경우도 있고, 야단맞는 것이 무서워서 야단치는 어른 앞에서는 위축되기도 합니다. 남이 나를 어떻게 생각하는지부터 걱정하고 다른 사람의 안색을 살피다 보면 자신에게 정말 중요한 일을 미루게 됩니다.

이런 사람은 자신의 잘잘못을 스스로 판단하지 못합니다. 때로는 실패하는 한이 있더라도 스스로 판단하고 적극적으로 행동하고 싶어 하지만, 정작 부모가 이치에 맞지 않는 말을 해도 반발하거나 반항하지 않습니다.

반항기는 누구나 겪는 것이 아닙니다. 부모는 자녀가 반발하고 자기 뜻대로 되지 않을 때 반항기라고 여기고 때가 되면 끝나리라고 생각합니다. 사실은 그렇지 않습니다. 반항하게 만드는 부모와 반항하는 아이가 있을 뿐입니다. 자녀가 반항할 만한 행동을 부모가 하지 않으면 자녀는 반항할 필요가 없어집니다. 다시 말해, 부모가 자녀가 반항할 만한 행동을 멈추지 않으면 계속해서 반항할 것입니다.

오히려 부모가 반항할 만한 행동을 하는데도 부모 말에 고분고분 따르고 반발하지 않는 자녀가 문제입니다. 반항하거나 반발하라고 권하는 것이 아닙니다. 부모의 말을 아무 비판 없이 받아들일 경우 문제가 생긴다는 말입니다.

평가란
상하관계의 산물일 뿐

다른 사람이 칭찬해주지 않더라도 자신을 좋아할 수 있습니다. 스스로를 좋아하는 데 다른 사람의 평가는 필요 없다는 말입니다. 다른 사람에게 "너, 참 재수 없어."라는 말을 들었다고 해서(그런 말을 대놓고 하는 사람이 있을지 모르지만) 당신이 재수 없는 사람이 되는 것은 아니니까요.

반대로 "참 좋은 사람이야."라는 말을 들었다고 해서 좋은 사람이 되는 것도 아닙니다. 자신의 가치는 다른 사람의 평가에 따라 떨어지지 않으며, 가치가 결정되는 것은 더욱 아닙니다.

다른 사람이 자신을 어떻게 생각하든 아랑곳하지 않을 수 있는 사람은 많지 않지만, 모든 사람이 자신에 대해 비슷하게 평가하지도 않고 다른 사람의 평가가 자신의 가치를 결정할 수도 없습니다.

칭찬받고 싶은 사람은 다른 사람의 평가에 자신을 맞추려고 합니다. 그런데 다른 사람의 평가에 신경 쓰거나, 다른 사람의 기대에 부응하는 것이 의미가 있을까요? 다른 사람의 평가를 신경 쓰다 보면 좋은 인상을 주려고 수단과 방법을 가리지 않게 됩니다. 좋은 평가를 받기 위해 커닝을 하거나, 평가받기를 두려워한 나머지 아예 시험에 응시조차 하지 않습니다. 시험을 치지 않으면 가상의 가능성은 남기 때문입니다. 공부하면 더 잘할 수 있을 텐데, 공부하지 않습니다. 공부해서 좋은 점수를 얻지 못할 바에는, 가상의 가능성을 남겨두는 편이 유리하다고 생각하기 때문입니다. 그러나 평가를 두려워하다가는 아무것도 배우지 못하게 됩니다.

그렇다면 칭찬받는다는 것은 어떤 의미일까요? 돌이켜 생각해볼 때 칭찬을 받고도 별로 기쁘지 않았던 적은 없었나요? 자신은 당연하다고 생각하는데 어른이 "참 대단하구나." 또는 "훌륭해." 하는 식으로 말로만 하는 경우 말입니다.

부모가 어린아이를 데리고 외출할 때는 상당한 용기가 필요합니다. 전철 안에서 울음이라도 터뜨리면 당황스러우니까요. 그래서 부모는 자녀가 전철 안에서 얌전히 있는 모습을 보면 기특하다고 생각합니다. 그러나 부모가 잘 설명하면 아이는 자신이 처한 상황을 이해할 수 있고, 말로 하지 않아도 어떻게 처신해야 할지 압니다.

피상담자의 세 살짜리 딸이 상담하는 동안 얌전히 있었습니다. 사실 그런 자리에서 얌전히 있는 것은 쉬운 일이 아닙니다. 언제까지 기다려야 하는지 물어보고도 싶겠지요. 그런데도 어른들의 이야기에 끼어들지 않고, 큰 소리를 내거나 칭얼대지도 않으며 한 시간을 기다렸습니다. 그러면 "기특하구나.", "얌전히 잘 기다렸네."라고 말하고 싶어지겠지요.

"기특하구나.", "얌전히 잘 기다렸네."라고 말하는 부모는 칭찬할 생각이었겠지만, 아이가 이런 말을 듣고도 기뻐하지 않는다면 이유가 있습니다. 칭찬은 능력이 있는 사람이 능력이 없는(그렇게 여길 뿐이지만) 사람에게 위에서 내려다보는 시선에서 평가를 내리는 것이기 때문입니다. 즉, 아랫사람 취급을 받는 셈이지요.

칭찬하는 어른은 상대를 아래로 본다는 사실을 깨닫지 못합니다. 그러나 칭찬하는 사람은 무심코 아이를 칭찬한 것이 아니라 자신은 윗사람이고 아이는 아랫사람이라고 보기 때문에 칭찬하는 것입니다.

부모가 칭찬하지 않으면 "칭찬해줘."라고 말하는 아이도 있습니다. 이렇게 칭찬받고 싶은 이유는 칭찬하는 어른보다 윗사람은 될 수 없지만 칭찬받지 못하는 다른 아이들보다는 위에 서고 싶기 때문입니다. 다른 아이와 경쟁해서 이기고 싶은 것입니다.

그렇다면 한 시간을 얌전히 기다린 아이에게 어떤 식으로 말해야 기뻐할까요? 물론 아무 말도 하지 않을 수도 있지만, 칭찬할 거라면 "기다려줘서 고마워."라는 식으로 말하는 편이 낫습니다. '고마워'라는 말은 칭찬은 아니지만, 기다려줘서 도움을 주었다는 것을 알려주는 것입니다.

남성과 여성이 대등하지 않다고 말하면 비상식적이라고 비난받습니다. 남성이 여성보다 우월하다는 근거는 어디에도 없기 때문입니다. 그러나 남성과 여성이 대등하다고 생각하는 사람도 어른과 아이가 대등하다고는 생각하지 않습니다. 아이는 모든 면에서 어른처럼 할 수는 없으니까요.

이를테면 아이는 어른처럼 돈을 벌 수 없습니다. 고분고분하지 않은 자녀에게 불만이 있으면 직접 돈을 벌고 나서 말하라고 하는 부모가 있습니다. 그런 말을 들으면 자녀는 어쩔 수가 없겠지요. 스스로 돈을 벌 수 있을 때까지 기다려야겠지만, 그렇다고 해서 부모에게 어떤 것도 주장할 수 없을까요?

가족 구성원은 각각 해야 할 일이 다릅니다. 그러나 역할의 차이가 대인관계의 상하로 연결되지는 않습니다. 자녀라는 이유로 자녀를 아랫사람으로 여길 이유는 없습니다.

나는 젊은 사람들이 생각한 것을 솔직하게, 두려움 없이 말할 수 있다는 점을 부럽게 여깁니다. 어른은 이를 불평불만이라고만 여기고 윽박지를지도 모르지만, 단지 나이가 어리다고 해서 이를 묵묵히 듣고 있을 이유는 없습니다. 상하관계가 당연하지 않다는 것, 대등한 대인관계를 어른에게 가르치는 것이 젊은 사람들이 주장해야 할 당연한 몫이라고 생각합니다. 어른들도 젊은 시절에는 그런 식으로 생각했을 테지요.

이상하게도, 대등하게 대우받지 못한 아이가 성인이 되면 어른이 하던 것과 똑같이 행동하곤 합니다. 상급생에게 시달리던 하급생이 상급생이 되면 하급생에게 똑같이 행동하듯이 말이지요.

중요한 점은 어른과 아이는 대등하며, 그렇기 때문에 칭찬도, 야단도 필요 없다는 것입니다. 야단치는 것은 상대를 자기보다 아랫사람으로 여기기 때문입니다. 대등한 관계라면 잘못을 저질러도 야단치는 대신 말로 설명할 것입니다.

지하철에서 만난
어느 청년의 하소연

어릴 적에 할아버지는 "넌 머리가 좋아."라고 내게 말씀하시곤 했습니다. 나라는 아이에 대해 "너는 이런 아이야."라고 성질(속성)을 결정해버린 것이지요. 레인이라는 영국의 정신과 의사는 이를 '속성 부여'라고 했습니다.

아이가 "엄마 싫어."라고 말해도 엄마가 "그래도 네가 나를 좋아한다는 걸 알아."라고 인정하지 않는 것처럼, 서로의 속성 부여가 일치하지 않는 경우가 있습니다. 특히, 부모가 "네가 나를 좋아한다는 걸 알아."라고 할 때 이는 사실상 명령이 됩니다. 다시 말해 부모가 '나를 좋아하라'고 아이에게 명령하는 셈입니다.

"너는 착한 아이야.", "너는 아직 어린애야."라는 말도 마찬가지입니다. 할아버지는 "넌 머리가 좋아."라고 속성을 부여하고 곧이어 "크면 교토대학에 가라."는 것이 입버릇이었습니다.

할아버지의 말은 유치원에 다니던 내게 막연하지만 큰 압박이 었을 것입니다. 초등학교에 들어가기 전부터 공부를 잘하라는 압박을 받았기 때문입니다.

그러나 부모가 부여한 속성을 꼭 받아들일 필요는 없습니다. 다른 사람의 기대를 충족시키기 위해 사는 것은 아니기 때문입니다. 자신을 다른 사람의 기대에 맞추지 않겠다고 결심하면 그 대가를 지불해야 합니다. 즉, 다른 사람에게 호감을 주거나 미움을 받겠지요. 그러나 다른 사람들이 자신을 싫어한다는 것은 다른 사람의 기대에 맞추려고 하지 않고 자유롭게 살아간다는 증거이기도 합니다.

자유롭게 살아가는 자신과 남에게 호감을 주는 자신을 양립하는 것은 어렵습니다. 다른 사람에게 호감을 얻고 싶다면 자유를 포기해야 하며, 실제로 이런 길을 선택하는 사람도 있습니다. 부모가 기대하는 대로 되려는 것입니다.

속성 부여는 부모나 특정한 어른이 하는 경우도 있지만, '사회'에서 무언의 압력이 되어 누군가의 앞을 막아서기도 합니다. 그래서 학생 시절에는 자유롭게 행동하다가도 일단 취직하면 모든 이들이 똑같이 까만 정장을 입게 됩니다.

어느 날, 전철에서 옆자리에 앉은 청년이 "지금 뭘 읽고 계십니까?"라며 말을 걸었습니다. 옆에 앉은 사람이 어떤 책을 읽는지 궁금해한 적은 있었지만 직접 물어본 적은 없어서, 청년이 말을 거는 것에 놀랐습니다. 그때 정신과 의사가 쓴 책을 읽고 있었는데, 그 책에 대해 이야기하니 그는 이렇게 물었습니다.

"조울증으로 (지금은 조증인데) 입원하라는 권유를 받고 있습니다. 주변사람들은 나더러 사회에 적응하라고 다그칩니다. 그런데 그것은 죽음을 의미합니다. 어떻게 하면 좋을까요?"

그는 사회에 적응하라고 강요하는 세상에 저항하고 있었습니다. 그가 말하는 주변사람들 중 누군가도 예전에는 스테레오타입stereotype[5]을 강요받고 저항했을 것입니다. 그런데도 그때 기분을 어느새 잊어버린 모양입니다. 그리고 자신이 듣기 싫어했던 말을 다른 이에게 그대로 들려주는 것입니다.

'자기 자신을 위해 인생을 살지 않는다면 누가 자신을 위해 살아주겠는가?'라는 유대교의 가르침이 있습니다. 자기 자신이 인생의 주인공입니다. 주인공이라는 말은 조역이 아니라는 뜻입니다. 누군가를 위해 살 필요는 없습니다. 지금 정말로 하고 싶은 일을 하고 있는지 물으면 주저하지 않고 "예."라고 대답할 수 있기를 바랍니다.

그렇다면 부모나 사회의 속성 부여에 대해 어떻게 대응하면 될까요? 우선, '어머니(아버지)는 나를 그런 식으로 보고 있구나' 하는 것입니다. "너는 뭘 해도 끝까지 해내는 법이 없어. 싫증을 잘 내지."라고 했다면, 분명히 끝까지 해내지 못한 일도 있겠지만 '뭘 해도' 그렇지는 않았습니다. 게다가 '끝까지 해낼' 필요가 없는 일도 있었을 것입니다. 책을 읽기 시작했는데 재미가 없다는 것을 금세 알 때가 있습니다. 적어도 지금은 필요가 없다고 생각하는 경우도 있을 것입니다.

그럴 때는 책을 덮어버릴 용기도 중요합니다. 재미가 없어도 끝까지 읽어야 할 필요는 없습니다. 이는 싫증을 잘 내서가 아니라 그만둘 만한 결단력이 있다는 것이니, 오히려 장점이 아닐까요.

이렇듯 부모가 자신을 어떻게 보든 스스로 자신에 대한 견해를 바꿀 수 있습니다. 부모의 의견에 사로잡혀 단점이나 결점만 찾아낼 것이 아니라, 단점이라고 여기는 자질을 장점으로 살렸으면 합니다. 소극적이던 사람이 하룻밤 사이에 여유롭고 밝은 사람이 되는 것은 거의 불가능한 일이기 때문입니다.

그리고 자신의 성격에 다른 빛을 받아들일 필요가 있습니다. 예를 들어, 어떤 사람이 "모든 게 싫어졌습니다." 하고 말했습니다. 그러자 그 스승은 이렇게 말했습니다. "그거 좋은 일이군." 그 스승은 싫어진다는 점에 전혀 다른 빛을 부여했습니다. '모든 것'이 싫어졌다는 말이 사실이라고는 생각하지 않지만, 괜히 그렇게 되었을 리는 없을 것입니다. 인생을 진지하게 살기 때문에 싫어진 것이고, 인생에 대해 진지하게 생각한다는 점에 주목하면 전혀 다른 빛을 부여할 수 있습니다.

다른 사람의 평가에서
자유로워지기

남이 나한테 원하는 이미지에 끼워 맞추지 않으려면 용기가
필요합니다. 다른 사람이 나에 대해 갖는 기대에서 벗어나면
자유로워질 수 있습니다.

사실, 남은 나에게 아무것도 기대하지 않을지도 모릅니다.
횡단보도를 건널 때 차에 타고 있는 사람이 나를 빤히 쳐다보
는 것이 싫다고 하는 사람이 있는데, 차에 탄 사람은 무심히 보
행자를 바라보기는 하겠지만 신호가 바뀌어 교차로를 빠져나
갈 때는 이미 그를 까맣게 잊을 것입니다. 일상적인 대인관계
는 다르겠지만, 대개 다른 사람 '모두'가 자신에게 무엇인가를
기대한다는 것은 착각입니다.

그러니 다른 사람의 시선을 의식하여 자신을 실제 이상으로
좋게 보일 필요가 없습니다. 실제로 공부하는지가 중요하지,
어떤 평가를 받는지는 문제가 되지 않습니다. 오히려 다른 사

람이 자신에 대해 갖고 있는(혹은 착각하는) 이미지에 맞추려는 것은 부담이 됩니다. 아무도 자신에게 기대하지 않는다고는 생각하지 않지만 다른 사람이 자신을 어떻게 생각하는지 걱정하지 않고 싶은 것이 진심일 것입니다. 이는 자신을 있는 그대로 보이겠다고 결심해야 하므로 용기가 필요합니다.

다른 사람이 자기에 대해 갖고 있는 이미지에 맞추려는 행동을 그만두면, 자기 자신을 좋아할 수 없게 하는 이미지에서 자유로워질 테니 비로소 자신을 좋아하게 될 것입니다. 남에게 맞춰야 한다고 생각하는 것도 그 사람의 라이프스타일입니다. 그렇게 할 필요가 없다는 것을 알고 더는 다른 사람의 기대에 부응하는 삶을 살지 않을 수 있다면 라이프스타일은 바뀔 것입니다.

그렇다면 지금 있는 그대로의 자신으로 충분할까요? 자녀 일로 상담하러 오는 부모는 자녀를 있는 그대로 보고 싶다고 말합니다. 물론 장점은 하나도 떠올릴 수 없을 만큼 단점이나 결점에만 시선이 간 것도 사실이지만, 적어도 지금 있는 그대로의 모습은 잘못됐다고 생각하는 것이 분명합니다.

그래서 부모에게 자녀를 있는 그대로 보게끔 권합니다. 즉, 살아 있다는 사실만 보라고 말입니다. 자녀가 태어났을 때 부모는 그 사실만으로도 기쁨을 느낍니다. 그런데 아이가 자라면서 차츰 지나치게 기대하면서 자녀를 압박합니다. 부모는 이상으로부터 현실의 자녀를 감점법減點法[6]으로 보기 때문에 자녀를 부모에게 인정받으려고 안간힘을 써도 불만스럽게 여깁니다.

그래서 살아 있다는 사실로부터 가산점을 주면서 자녀를 보라고 말합니다. 그러면 아이가 등교를 거부한다고 주위 사람들에게 불평하던 부모는 학교에 가든 말든 지금 살아 있고 함께 산다는 사실만으로도 감사히 여기게 됩니다. 그러면 자녀와 학교 일로 다툴 일은 없어지겠지요.

한편, 자기 자신에게 지금 이대로 만족하는가 하는 문제는 간단하지 않습니다. 이대로 만족한다는 것은 실제보다 자신을 좋게 보이거나 다른 사람의 기대에 부응하기를 그만둔다는 의미입니다. 남에게 맞추지 않고 있는 그대로의 자기 자신을 깨달았다면 그런 자신에게서 출발해야 합니다. 있는 그대로의 자신을 고수하는 것이 도달점은 아닐 테니까요.

부모가 지금 자녀에게 문제가 있거나 병들었거나 자신의 이상과 다르더라도 있는 그대로를 인정하고 받아들일 수 있듯이, 자녀도 부모가 자신을 얼마나 사랑하는지 인정한다면 부모와의 관계는 달라집니다.

자녀는 부모의 사랑을 받고 있다는 사실을 깨닫지 못합니다. 부모도 자녀를 받아들이겠다는 마음을 표현하는 데 서툴러 보입니다. 한 아버지는 "자녀 걱정으로 견딜 수 없군요."라는 내 말에 "그렇다."고 망설이면서 인정했습니다. 그러나 부모는 이런 마음을 제대로 전달하지 못해 난감해합니다.

그러나 있는 그대로 자신을 받아들이는 것에서 출발해야 합니다. 자녀는 지금 그대로 부모나 사회에 받아들여지고 다른 사람에게서 사랑받으리라고 기대할 것이 아니라, 할 수 있는 일을 해야 할 것입니다. 그래야 '있는 그대로'의 지금과는 다른 사람이 될 수 있습니다.

그런데 달라지고 싶다는 막연한 결심만으로는 바뀌지 않습니다. 어떻게 바뀔지 모델이 필요합니다.

폭식증을 앓던 여대생이
병을 치료하게 된 계기

폭식증 증세를 보이는 여대생이 있었습니다. 그녀는 지난해에 열흘 정도 학교에 갈 수 없었던 때를 떠올리면 지금도 마음이 아프다고 말했습니다. 대학생이 열흘이나 학교에 갈 수 없었던 것을 마음 아파하는 것이 신기했습니다.

어머니는 엄격한 사람이라 딸이 학교에 가지 않고 집에 있는 것을 두고 보지 못했습니다. 그래서 어쩔 수 없이 집을 나서서 집 근처 공원이나 찻집에서 시간을 보내다가 저녁이 되면 아무렇지도 않은 얼굴로 돌아갔다고 합니다.

이럴 때는 좀 더 강하게 자신의 생각을 주장해도 되지 않을까 싶었습니다. 그녀가 폭식증을 앓게 된 것은 아무리 엄격한 부모라도 체중만큼은 어떻게 할 수 없다는 의지 표명처럼 보였습니다.

여대생은 굳이 그런 식으로 몸을 들볶지 않고도 부모에게 "가지 않겠어."라고 말하면 그만이었습니다. '착한 아이'라는 부모의 기대 또는 명령에 굳이 응할 필요는 없습니다. 물론 부모는 슬퍼하거나 화를 내겠지만, 그 감정은 부모가 추슬러야 할 몫입니다. 부모가 "나를 슬프게 하지 마."라고 하더라도 자녀로서는 아무것도 할 수 없는 노릇이니 어떻게든 해야겠다고 생각할 필요도 없습니다.

그러던 어느 날, 그녀가 머리카락을 빨갛게 염색했습니다. 나는 "어머니가 많이 놀라셨겠군요." 하고 말했습니다.

"예, 보기 흉하니까 집에서는 스카프를 쓰라고 했어요."

"그래서 어떻게 했습니까?"

"어머니 말대로 스카프를 썼어요."

"그러고 나서 어떻게 되었죠?"

"사흘째 되니까, 왜 이런 짓을 해야 하지, 하는 생각이 들었어요. 그래서 스카프를 쓰지 않았죠. 그런데 어머니는 아무 말도 하지 않았어요."

부모의 기대에 어긋나지 않는 착한 아이가 되라는 것은 처음에는 부모의 요청이었겠지만, 어느새 '착한 아이가 되어야 한다'는 자기 규범 의식이 된 것입니다.

부모는 자녀가 반항한다고 생각했겠지만, 이는 '반항'이 아니라 '주장'입니다. 주장하는 데 능숙하지 않은 자녀는 부모 눈에 문제 행동으로 보이는 행동을 하거나 신경증에 걸림으로써 결국에는 자신만 불리해지는 방법밖에는 알지 못합니다.

반항하지 않는 것은 미움받을까 봐 두렵기 때문입니다. 다른 사람에게 호감을 얻거나 다른 사람의 기대에 부응하고 싶은 사람은 미움받기를 두려워해서 '아니오'라고 하지 못하고 무조건 '예'라고 대답합니다.

부탁을 거절하지 못하거나 상대의 말이 이치에 맞지 않아도 반박하지 않으면 처음에는 호감을 얻을 수 있겠지만 결국 불신감을 안겨주게 됩니다. 누구에게도 미움받고 싶지 않아서 우유부단해지고, 생각이 서로 달라도 반대하지 못하며, 딱히 좋아하지도 않는 사람에게 충성을 맹세하기도 하니까요.

그런 사람이 스스로 결정하지 못하는 데에는 이유가 있습니다. 첫째는 미움받지 않기 위해서이고, 둘째는 결단하는 데 따르는 책임을 지지 않기 위해서입니다. 남에게 미움받지 않기 위해 사실은 하고 싶지 않은 일도 싫다고 하지 않습니다. 스스로 결단하면 책임을 져야 하므로 발언에 따르는 책임을 지려고 하지 않는 것입니다.

한 대학생이 쉬는 날 친구와 놀러 갈 계획을 세웠습니다. 멋대로 여행을 갈 수는 없으니 부모의 양해를 얻으려고 이야기를 꺼냈습니다. 그런데 부모가 강경하게 반대했습니다. 자동차 여행은 말도 안 되고 위험하다는 이유였습니다. 고등학교를 졸업하자마자 운전면허를 취득했으니 운전해도 된다고 생각했는데, 부모님은 반대한 것입니다. 부모님의 생각에도 일리가 있다면서 여행을 단념하는 것도 선택지입니다. 그러나 마음으로는 가고 싶은데 물러서거나 계획을 강행하기 위해 감정적으로 반항하는 것은 권하고 싶지 않습니다.

부모가 감정적으로 대응한다고 해서 똑같이 감정적으로 굴 필요는 없습니다. 부모님은 걱정하는 마음을 요령 있게 전달하지 못합니다. 문제는 놀러 갈지 말지를 결정하는 것이지, 부모와 자신 중 누구의 생각이 옳은지 증명하는 게 아니라는 말입니다.

감정적인 부모와 부딪치는 것은 주장을 관철하려 할 때 감당해야 하는 책임입니다. 주장하지 않으면 부딪칠 일이 없는 대신에 자기주장을 굽혀야 합니다. 여행을 가고 싶다고 주장을 내세우지 않으면서 부모와 부딪치지 않는 선택지는 사실상 없습니다. 이런 경우 부모와 부딪치는 것은 감당해야 하는 책임입니다. 물론 모든 부모가 자녀의 주장에 귀를 기울이지 않고, 이치에 맞지 않는 말로 자녀의 주장에 반대하는 것은 아니지만 말입니다.

존재 그 자체를
인정하고, 인정받기

내가 다른 사람의 기대를 충족시킬 필요가 없듯, 다른 사람 역시 당신의 기대를 충족할 필요가 없습니다. 그런데 '나라면 이렇게 할 텐데'라는 생각에 자신이 원하는 대로 움직이지 않으면 화를 내는 사람이 있습니다.

"저 사람이 입원했을 때 나는 병문안을 갔거든. 그런데 저 사람은 내가 입원했을 때 와보지도 않았어."

병문안을 간 이유는 내가 그를 걱정했기 때문입니다. 자신이 병이 났을 때 병문안을 와주리라고 기대하면서 병문안을 가는 사람은 없을 것입니다. 한편 자신이 입원해 있을 때 병문안을 오지 않는 사람이 있다고 해도 어쩔 수 없습니다. 그 사람이 반드시 병문안을 와야 할 이유는 없으니까요.

상담하러 오는 사람들 중에는 '이 사람이 나한테 무엇을 해줄까?'만 생각하는 이들이 있습니다. 다른 사람들이 그 사람을 행복하게 만들어주려고 사는 것은 아닙니다. 그런데 이렇게 생각하게 된 것은 아무것도 하지 않아도 주위 사람들이 좋게 봐주었기 때문입니다. 부모가 모든 요구를 받아주고 늘 관심을 차지하도록 해주었던 자녀는 이를 당연하게 여기고, 다른 사람이 호의를 느끼게끔 노력도 하지 않으면서 가만히 있기만 해도 된다고 생각합니다.

사람은 기본적으로 소속감, 즉 자신이 설 자리가 있다고 느끼고 싶어 합니다. 가정은 말할 것도 없고, 학교에서도 반이 바뀌어 주위에 낯선 친구가 많으면 불안해집니다. 새로 만난 친구와 친해지고 나면 새로운 반에서도 자신의 자리를 발견하게 됩니다. 문제 행동을 일으키거나 신경증을 앓는 등 스스로에게 불리한 행동까지 하면서 소속감을 얻으려는 것은 좋은 방식이 아닙니다.

자신이 있어야 할 자리, 설 자리가 있다고 느끼기 위해 주목을 끌고 싶어 하지만 이런 방법으로는 소속감을 얻을 수 없습니다. 누구든 세계의 중심에 있을 수 없는데도 다른 사람이 자신을 위해 있다고 생각합니다. 이런 사람은 칭찬받거나 주목받고 싶어 합니다.

다른 사람에게 무엇을 해주었다고 해서 주목받거나 칭찬받을 것을 기대해서는 안 됩니다. 아무도 관심을 가지거나 감사하다는 인사를 하지 않아도 상관없습니다. 칭찬이나 주목받지 못한 것이 불만이라면 행위의 동기가 불순한 셈입니다.

물론 기대하지도 않았는데 "고마워."라는 말을 들으면 기쁘겠지요. 그러니 자신은 "고맙다."는 말을 듣지 못해도 다른 사람에게는 "고맙다."는 말을 해야 합니다. 그 말을 들은 사람은 기쁜 마음으로 "고맙다."고 말할 것입니다.

'고마워'라는 인사를 듣거나 못 듣거나, 누군가에게 도움이 된다고 생각하면 자기 자신을 좋아하게 될 수 있습니다.

그런데 자기 자신을 받아들이고 자존감을 가지려면 다른 사람에게서 인정받을 필요가 있다고 하는 사람이 있습니다. 그러나 자신을 받아들이고 좋아하기 위해 다른 사람에게 인정받을 필요는 없습니다.

학교가 끝나면 병든 할머니의 대소변 시중을 드는 초등학생
이 있었습니다. 아이는 당연하다는 듯 매일같이 시중을 들었습
니다. 나는 그 이야기를 듣고 돈을 준다고 해도 못할 것 같다고
생각했습니다. 그래서 부모님께 그 이야기를 했더니, 부모님은
이렇게 말했습니다.

"하지만 그 아이는 공부는 안 할 거야."

어린아이가 할머니 병수발을 든다는 사실에 주목하지 않는
부모님의 대응 방식은 분명히 문제가 있습니다. 그렇다고 해서
이 아이가 반드시 주목받고 인정받아야 하는 것은 아닙니다.

다른 사람에게서 관심이나 인정을 받을 필요는 없지만, 그렇
다고 해서 대인관계가 필요 없다는 의미는 아닙니다. 특별히
인정해주기를 바라지 않아도 다른 사람과 관계를 맺는 한 인
정받기 때문입니다.

각별한 인정이나 끊임없는 관심이 필요 없다는 것은 행위 차
원입니다. 이와 달리 다른 사람과 관계를 맺고 살아가는 한 무
엇을 하지 않아도 다른 사람에게서 인정받는다는 것은 존재

차원의 이야기입니다.

중요한 점은 살아 있는 것 자체로 다른 사람에게 도움이 된다고 느끼려면 용기가 필요하다는 것입니다. 이는 항상 관심의 중심이었던 사람이 자신은 있는 자체로 중요하다고 생각하는 것과는 다른 이야기입니다. 행위로만 남에게 도움이 되어야 한다고 하면, 그럴 수 없는 사람도 있으니까요.

할머니의 병수발을 하는 초등학생은 자신이 도움이 된다고 느낄 것입니다. 그러나 누워만 있는 할머니 역시 앓아누운 자신의 존재가 도움이 된다고 느낄 수 있습니다. 무엇을 해서가 아니라 존재 자체로 도움이 되는 것이지요. 이는 누구나 마찬가지입니다. 특별한 일을 하지 않아도 존재 차원에서 다른 사람에게서 인정받고 다른 사람에게 도움을 줍니다. 이런 관점에서 출발하여 자신이 할 수 있는 일을 찾아야 합니다.

타인을 정의하는 관점이
삶의 질을 결정한다

타인이란 틈만 있으면 자신을 함정에 빠뜨리고 상처 주는 무서운 존재라고 생각하면 다른 사람과 관계를 맺고 싶어 하면서도 다른 사람에게 도움이 되려는 생각은 하지 않게 됩니다. 그러므로 자신을 좋아할 수도, 소속감을 가질 수도 없습니다.

그러나 다른 사람은 무서운 존재가 아니라 필요할 때 나를 도와주려는 내 편, 동료, 친구라고 생각하기가 쉽지 않습니다. 그래서 자기 자신을 좋아하기는 해도 다른 사람은 무섭다, 믿을 수 없다고 말하는 사람이 많습니다.

그런 계기 중 하나는 야단을 맞고 자라는 것입니다. 야단치는 사람을 좋아할 수는 없습니다. 사랑의 매란 어불성설입니다. 야단치는 어른은 오로지 아이를 자기 마음대로 하고 싶을 뿐입니다.

평소에는 온화하던 아버지가 초등학생이었던 나를 때렸던

적이 딱 한 번 있었는데, 오래도록 잊을 수 없었습니다. 지금 생각해보면 정의감이 강한 아버지가 보기에는 내가 상당히 거슬리는 행동을 했던 것 같지만, 자세한 앞뒤 사정은 기억하지 못합니다. 그러나 이런 일 때문에 아버지를 친근하게 생각할 수 없었던 것은 아닙니다. 이 사건을 오래도록 잊지 못한 것은 아버지와 가까워지지 않기 위해서였습니다.

어른이 보기에는 야단치는 행위가 문제 해결에 효과가 있는 듯하지만, 아이와의 거리가 멀어지는 부작용이 있는 것입니다. 아이는 야단치는 어른이 무서워서 문제 행동은 멈추겠지만 그 어른을 가깝게 느낄 수는 없습니다. 아이는 그런 어른이 하는 말은 듣고 싶지도 않을 테고, 진심으로 귀 기울이려 하지 않을 것입니다. 그런데 야단맞으며 자란 어른은 야단치는 행동을 대신할 만한 방법을 모릅니다.

야단치는 것, 더 심하게는 학대를 멈추지 못하는 이유는 다른 방법을 모르기 때문이기도 하지만, 야단맞고 자란 아이가 어른이 되어 자녀를 키울 때 자신의 부모가 자신을 사랑해주었다는 것을 증명하고 싶은 마음도 있습니다. 이를 증명하려면 자녀를 사랑하지만 야단치거나 때려야 합니다. 그러나 부모가 자녀를 야단치거나 때릴 때 부모와 자녀의 거리는 멀어집니다. 자녀를 사랑하면서 야단치거나 때리는 것은 본질적으로 불가능합니다.

그런데 야단치거나 때리는 어른만 본 아이는 이 세상의 모든 사람이 그렇다고 보고, 타인은 무서운 사람, 내 편이 아니라 적이라고 여깁니다.

한편 칭찬받으며 자란 사람도 다른 사람이 바라는 만큼 칭찬해주지 않으면 기대를 저버린 것으로 보고 좋게 여기지 않습니다. 앞에서도 살펴봤듯이, 다른 사람이 도움을 주는 것은 호의이지 의무는 아닙니다. 그리고 자신의 기대를 충족해주지 않는다고 해서 실망하거나 불만스럽게 생각하는 것은 유치한 일입니다.

이처럼 칭찬받으며 자란 사람은 기대를 충족해주지 않는 사람을 비롯해서 주위 사람들을 적으로 여깁니다. 성격이 적극적인 사람이라면 칭찬해주지 않는 사람과 싸우겠지만, 소극적인 사람은 자신만 없으면 된다고 생각하고 소속감을 가질 수 없습니다.

이 사회에서는 배려나 사려를 중요하게 여깁니다. 다른 사람이 무엇을 생각하고 느끼는지 가만히 있어도 알 수 있다면 좋겠지만, 실제로는 그렇지 않습니다. 아무리 가까운 사람이라도 타인이기 때문에, 무슨 생각을 하고 어떻게 느끼는지 완전히 알 수 없습니다.

문제는 이런 사람이 다른 사람에게도 똑같은 것을 요구한다는 사실입니다. 다른 사람이 자신이 필요한 것을 간파하지 못하면 그를 지독한 사람이라고 단정합니다. 내가 어려운 상황에 처해서 이렇게 괴로워하는데 저 사람은 나를 도와주지 않는다고 불만을 느낍니다. 그러나 말하지 않으면 전달될 리가 없습니다.

물론 도움을 청하더라도 거절당할 수 있지요. 그러나 말이라도 해볼 가치는 있습니다. 정당한 요구라면 말로 부탁해도 들

어줄 것입니다. 이처럼 다른 사람을 믿지 못하고 내가 필요로
할 때 나를 도와줄 동료로 생각하지 못하는 사람은 문제 행동
을 일으키거나 신경증에 걸리기도 합니다.

　사람은 혼자서는 살아갈 수 없기 때문에 때로는 도움을 청하
지 않을 수 없습니다. 그러나 도움을 주지 않는다고 해서 다른
사람을 적이라고 생각하는 사람은 다른 사람에게 도움을 주려
하지 않습니다. 그러다 보면 자신이 도움이 된다는 느낌도, 소
속감도 가질 수 없습니다.

　"사람은 혼자서는 살아갈 수 없다."는 말은 사람이 약한 존재
라는 뜻만은 아닙니다. 태어난 지 얼마 안 된 아기는 밤낮없이
두 시간마다 울면서 모유나 우유를 요구합니다. 그렇게 하지
않으면 살아갈 수 없으니까요. 그렇다고 이것을 약점으로 삼아
"너 혼자 컸다고 생각하지 마라"라고 하면 기분 나쁠 것입니다.

　'인간人間(사람 인, 사이 간)'이라는 한자에서도 알 수 있듯 '인간'
이라는 존재는 혼자서 성립하지 않습니다. 원래 혼자 살던 사
람이 필요에 따라 다른 사람과 관계를 맺게 되었다기보다는

처음부터 '사람 사이(인간)'에서 살도록 되어 있었습니다. 다른 사람의 평가를 신경 쓰는 것 자체가 이미 다른 사람과의 관계를 떠나서는 살아갈 수 없다는 의미겠지요. 그러므로 다른 사람과 어떻게 관계를 맺을지, 다른 사람을 적으로 간주할지, 아니면 내 편, 동료로 간주할지에 따라 삶이 달라집니다.

먼저 도움의 손길을 건네는 용기를 품어라

다른 사람은 종종 앞날을 가로막기도 합니다. 다른 사람을 무시하고 제멋대로 살 수도 없지만, 다른 사람을 내 뜻대로 움직일 수도 없습니다. 다른 사람도 의지나 요구를 지니고 있는데 그것이 내 의지나 요구와 반드시 일치하지는 않는다는 데서 대인관계의 갈등이 시작됩니다. 자신이 하고 싶은 일을 부모를 비롯한 다른 사람이 그대로 들어주리라는 보장은 없습니다.

그러나 다른 사람은 자유로운 삶을 방해하기도 하지만 자신을 살리기도 합니다. 사람을 사각형에 비유해보면 네 변 중 한 변이 실선이 아닌 점선으로 되어 있어서 열린 점선으로 다른 사람과 접하는 셈입니다. 그러므로 다른 사람과 접할 때 한 변을 공유하게 됩니다. 다른 사람의 한 변 또는 면은 내 것이기도 하지만, 당신과 접한 다른 사람 역시 그 변 또는 면을 갖습니다.

아기는 어머니에게 의존하지 않고는 살 수 없습니다. 그렇다고 어머니가 아기를 보살피고 베풀기만 할 뿐 아무것도 받지 않은 것은 아닙니다. 아기가 살아 있다는 사실만으로도 당신을 향해 열린 점선과 면을 공유했을 것입니다. 어머니는 자신의 어머니나 남편과도 마찬가지로 접합니다.

이렇듯 직접적으로 상대와 주고받기도 하지만, 돌고 돌아서 자신한테 미칠 수도 있습니다. 부모가 "너는 혼자 산 게 아니다. 부모 덕분에 지금까지 성장할 수 있었다."고 말하면서 자신이 베푼 것을 갚으라고 강요할 수도 있습니다. 그러나 자녀는 부모에게서 받은 것을 갚을 수 없습니다. 어머니에게 갚으려고 해도 이미 이 세상을 떠났을 수도 있습니다. 그러니 어머니에게 직접 갚지는 못해도 어떤 형태로든 사회에 갚으면 됩니다.

어쨌거나 사람은 주고받는 상호적인 관계를 맺고 살지만 자신이 중심에 있고 세계가 그 주위를 에워싸고 있는 것은 아닙니다. 이 세계에 자신이 설 자리가 있다는 소속감은 중요하지만, 세계의 '안'에 있지 '중심'에 있는 것이 아닙니다. 자기 자신은 혼자만의 존재로 완결되지 않으며, 다른 사람도 마찬가지입니다. 그러므로 다른 사람에게 무엇을 해줄 수 있는지 생각해야 합니다.

사람은 타인과의 관계에서 벗어날 수 없으므로 반드시 내가 아니면 안 된다고 생각할 필요가 없습니다. 불가능한 일을 불가능하다고 말하는 용기가 필요합니다. 다른 사람에게 도움을 받고도 당연하게 여기는 사람이 있다면, 무엇이든지 혼자서 짊어지고 쩔쩔매면서 사는 사람도 있습니다. 그러나 다른 사람에게서 도움을 받는 것은 부끄러운 일이 아닙니다.

"스스로 할 수 있는 일은 가능한 한 직접 하자. 하지만 다른 사람이 도움을 요청하면 가능한 한 들어주자." 모든 사람이 이렇게 생각한다면 이 세상은 달라질 것입니다.

다른 사람을 동료로 생각하고 동료에게 도움을 줌으로써 자신도 가치 있는 존재라고 생각한다면, 인생의 과제에 달려들어 해결할 만한 용기를 낼 수 있습니다. 그런데 용기가 꺾인 사람은 인생의 과제를 해결하겠다는 의지가 없습니다. 그래서 자신은 가치 없는 존재라고 여깁니다. 그렇다고 무작정 용기를 가지라고 해봐야 막연할 뿐입니다. 그러니 다른 사람에게 도움이 되었다고 생각할 수 있는 일을 해보기 바랍니다. 실제로 해보지 않으면 실감할 수가 없기 때문이지요. 그러면 지금까지와는 다른 느낌으로 살게 될지도 모릅니다.

남에게 도움이 되겠다고 결심하려면 다른 사람을 적이라고 여기는 생각부터 버려야 합니다. 다른 사람에게 도움이 될 생각이 없다면 동료가 아닌 적으로 보이게 하는 점을 얼마든지 찾아낼 수 있습니다.

다른 사람 앞에서 이야기할 때 긴장하는 편이라면 다른 사람이 자신을 비웃는다고 생각할지도 모릅니다. 그런데 당신은 다른 사람이 제대로 이야기하지 못한다고 그 사람을 비웃나요? 오히려 안쓰러워서 도와주고 싶다고 생각하지 않습니까? 마찬가지로, 자신이 그런 처지가 되었을 때 다른 사람도 자신을 나쁘게 보지 않겠지요.

다른 사람에게 도움이 되는 행동을 하려고 할 때 왠지 쑥스럽게 여겨질지도 모릅니다. 혹은 그런 행동을 하겠다는 생각조차 하지 않을 수 있습니다. 또는 나만 다른 사람을 위해 무엇인가를 하는 것이 부당하다고 생각할 수 있습니다. 그러나 도움이 되어야겠다고 의식하지 않더라도, 자신이 하고 싶은 일을 하는 것이 결과적으로 남에게 도움이 되기도 합니다.

다른 사람의 부탁을 기꺼이 들어주는 것은 쉬운 일이 아닙니다. 자신이 하고 싶은 일, 해야 하는 일을 미뤄야 할 수도 있으니까요. 그러나 무엇인가를 부탁받아서 도와주고 나면 기분이 좋아집니다. 다른 사람에게 보답을 기대하지 않고도 자신이 도움이 되었다는 기분을 느끼고, 그런 자신을 좋아하게 될 수 있습니다.

그런데 시선을 조금 멀리 돌리면 이 세상은 위험으로 가득한 듯 보입니다. 싫은 사람도, 사귀기 어려운 사람도 있을지 모릅니다. 신문이나 뉴스에서 보도되는 사고, 사건, 재해, 전쟁은 타인이 '동료'는커녕 '적'이며 멍청하게 있다가는 함정에 빠질지도 모른다고 여기게 합니다.

물론 위험이 전혀 없다는 것은 거짓말이겠지요. 그렇다고 과도하게 불안을 조장하는 것은 잘못입니다. 바깥세상이 위험하다는 점을 지나치게 강조하면, 밖으로 나오기 싫어하는 사람은 이를 구실로 삼게 됩니다. 다른 사람과 적극적으로 관계를 맺지 않으려고 할지도 모릅니다.

신문이나 뉴스를 일반화해서 '사람은 (모두) 적이다'라고는 할 수 없습니다. 위험한 요소가 있기는 하지만 한시도 방심해서는 안 된다는 것은 과민반응입니다. 세상은 위험하지만, 위험한 사건이 일어나면 지켜줄 만한 사람도 있다는 측면에 주목해야 합니다.

이미 20년도 전에 어머니가 뇌경색으로 입원한 적이 있습니다. 지금과는 달리 병이 나기 전에 헌혈해두면 병에 걸렸을 때 수혈을 받을 수 있는 시스템이었습니다. 물론 한 번도 헌혈한 적이 없다고 해서 수혈을 받지 못하지는 않았을 것입니다. 어쨌든 본인 것이 아니어도 헌혈 수첩이 필요했습니다. 나는 어머니의 병상을 지켰기 때문에 아버지와 여동생이 여기저기에 헌혈 수첩을 빌려달라고 부탁했습니다. 당시 여동생은 초등학교에 근무하고 있었는데, 직원회의 때 부탁했더니 몇몇 선생님이 협력해줘서 정말로 기뻤다고 말했습니다.

할아버지는 제2차 세계대전 때 얼굴에 소이탄을 맞고 큰 화상을 입었는데, 병원에 가기 위해 전철을 타면 다른 사람들이 자리를 양보해주었다고 어머니는 이야기하곤 했습니다.

요즘에도 선의를 베푸는 사람은 많습니다. 무섭거나 무뚝뚝해 보이는 이가 말없이 가방을 치워주거나 임신부에게 자리를 양보하기도 합니다. 예외는 있지만 모든 사람이 적은 아니라는 말입니다. 그러니 타인을 적으로 여기는 일은 그 사람과 관계 맺기를 회피하는 것뿐입니다.

"할 수 있다고 생각하기 때문에 할 수 있다."

다른 사람을 적이 아니라 동료라고 생각하고 도와줌으로써 자신을 받아들일 수 있게 되었다면 좀 더 자신감을 갖기 바랍니다. 로마의 시인 베르길리우스는 "할 수 있다고 생각하기 때문에 할 수 있다."고 말했습니다. 물론 해결할 수 없거나 매우 어려운 경우도 있겠지만, 할 수 있는 일도 할 수 없다고 지레 단정해버리면 할 수 없는 이유는 얼마든지 찾아낼 수 있습니다. 할 수 없다고 생각할 뿐이지, 실제로는 할 수 있을지도 모릅니다. 그런데 해보기도 전에 불가능하다고 속단하고 포기해버리곤 합니다.

나는 초등학교 1학년 때 처음 성적표를 받았는데, 산수가 '미'인 것을 보고는 산수에 자신감을 잃었고 나중에는 수학마저 포기했습니다. 열등감은 열등하다는 느낌일 뿐이지만, 그 느낌에 한번 빠지면 벗어나기가 어렵습니다. 어릴 때부터 어른에게서 "너는 틀렸어."라는 말을 듣고 자라면 "나는 안 돼."라는 생각이 고정관념이 되기도 합니다.

생물에서 배우는 리비히Justus von Liebig[7]의 최소량의 법칙law of minimum[8]에 따르면 다른 일에 자신이 있어도 한 가지가 충분하지 않다고 느끼면 다른 것은 다 잘해도 틀렸다고 생각하게 됩니다. 그렇지만 실제로는 열등하지 않아도 열등하다고 느끼는 데에는 이유가 있습니다.

열등감은 과제에 몰두하지 않는다는 것을 자신도, 남들도 모두 납득하기 위해 필요한 것입니다. 평가를 두려워한다는 말은 평가(낮은 평가)를 두려워해서 과제에 뛰어들지 않는다는 뜻이 아니라, 과제에 뛰어들지 않기 위해 평가를 두려워한다는 말입니다. 평가를 두려워하지 않는다면 어려운 과제를 달성하여 사람들에게서 좋은 평가를 받으려 하지는 않을 것입니다. 반대로 실패하더라도 남들이 어떻게 생각할지 걱정하지 않습니다. 실패하지 않기 위해 과제에 도전하려고 시도조차 하지 않는 경우도 있는데, 과제가 주어지면 가능한 것부터 조금씩 해보고 실패하면 다시 도전하면 됩니다. 과제에 뛰어들지 않는 것보다 훨씬 바람직하겠지요.

평가와 실수를 두려워하지 않는다면 경쟁에서도 자유로워질 수 있습니다. 시험과 같은 경쟁도 과제를 성공적으로 완수하는 것이 중요하지, 실패한다고 해서 자신(의 인격)에 대한 평가가 떨어지지는 않습니다.

실패를 두려워하는 사람은 과제 해결 자체에 관심이 있는 것이 아니라 과제를 둘러싼 대인관계에 관심이 있는 셈입니다. 과제를 완수하거나 완수하지 못할 때 남이 어떻게 여길지 걱정하고, 평가가 떨어질 것을 두려워해서 과제를 포기하는 사람은 이기적인 것입니다. 과제는 자신만을 위한 것이 아니기 때문입니다.

그렇다면 한계에 대한 잘못된 고정관념을 떨쳐버리고 다른 사람의 평가를 두려워하지 않는 것만으로 무엇이든 할 수 있을까요? 물론 그렇지는 않습니다. 어떤 일이나 처음에는 어렵습니다. 처음부터 자전거를 잘 타거나 수영을 잘하는 사람은 없습니다. 아무리 어려워도 자신에게 주어진 과제는 자신이 할 수밖에 없고, 아무도 대신해주지 않습니다. 그러나 끈기 있게 하다 보면 도저히 못할 것 같았던 일도 잘할 수 있게 됩니다.

이처럼 노력하면 극복할 수 있는데도 실력이 없다고 비난받은 사건이 계기가 되어 열등하다는 고정관념(열등감)을 갖게 됩니다. 그런데 그 사건이 열등감을 갖게 된 진짜 원인은 아닙니다. 나는 못한다는 생각이 고정관념이 된다기보다는, 과제에 뛰어들지 않으려고 고정관념으로 '만든다'는 편이 정확합니다.

피아니스트가 되고 싶어 하는 고등학생에게 영어를 가르친 적이 있는데, 세 살 무렵부터 피아노를 쳤다고 했습니다. 어느 날 내가 물어보았습니다.

"지금까지 피아노를 그만두겠다고 생각한 적은 없어요?"

"한 번도 없어요."

"피아노 연습이 힘들다고 생각한 적은?"

"(단호하게) 한 번도 없어요."

그 학생은 강요에 의해서가 아니라 즐기며 피아노를 칠 수 있었고, 그러면서 피아니스트의 길을 가겠다고 결심했을 것입니다. 좋아하는 일이면 노력은 고통스럽지 않습니다. 교사나 부모는 공부나 음악 레슨이나 이를 악물고 해야 한다고 말합니다. 그러나 즐거운 일이라면 이를 악물 필요는 없습니다. 학창 시절에 노력할 수 있는 것도 재능이라며 스스로를 타이른 기억이 떠올랐습니다. 모르는 것을 배우려면 노력이 필요하지만, 노력 자체가 즐거운 법입니다.

그렇게 보면 한계는 밖에서 주어지는 것이 아니라, 스스로 부과한 것입니다.

아우슈비츠 수용소의 생존자들처럼

어려운 과제에 직면했을 때 취할 수 있는 태도는 두 가지가 있습니다.

낙관주의자는 나쁜 일은 일어나지 않으니 어떻게든 되겠지라고 생각하며, 자신이 무엇을 어느 정도까지 할 수 있는지는 가늠해보지도 않고 스스로 아무것도 하지 않습니다. 그런데 낙천적으로 보이는 사람이라도 근거도 없는 자신감이 뿌리부터 무너지면 비관주의자가 됩니다. 그리고 모든 일에 절망합니다. 비관주의자도 상황에서 벗어나기 위해 무엇인가 하려는 의지가 없습니다.

한편 용기 있는 낙관주의자는 곤경에 처하면 어떻게든 타개하려 합니다. 물론 모든 일을 해결할 수 있는 것은 아닙니다. 그렇지만 아무것도 안 하는 게 아니라 할 수 있는 일을 합니다.

아우슈비츠 수용소에서 다음과 같은 이야기가 전해집니다. 개구리 두 마리가 우유항아리 위에서 놀다가 항아리에 빠졌습니다. 비관주의자인 개구리는 어차피 틀렸다고 생각하고 아무것도 하지 않다가 그대로 빠져 죽었습니다. 낙관주의자였던 다른 한 마리는 어떻게 될지는 알 수 없지만 다리를 버둥거리기도 하고 필사적으로 몸부림을 쳤습니다. 그랬더니 어느새 우유가 치즈가 되었습니다. 그래서 낙관주의자 개구리는 살아남았습니다.

수용소에 갇힌 사람들 중에는 가스실로 향하기 전에 정신적으로 지쳐서 죽은 사람도 적지 않았습니다. 그런 곳에서도 할 수 있는 일을 하려고 끝까지 노력한 사람은 가스실로 보내지지 않는 한 살아남았습니다. 아무리 극한 상황이어도 사람은 자유로울 수 있고 행복해질 수 있습니다.

똑같은 일도 받아들이는 방법은 사람마다 다릅니다. 긍정적인 사람은 무슨 일이 일어나든 괜찮아지리라는 근거 없는 자신감을 갖지만, 가혹한 현실을 겪으면 비관적으로 바뀝니다. 한편 운명을 바꿀 수 없다고 생각하거나 불우한 환경에서 태어났기 때문에 불행해졌다고 생각하는 것도 잘못입니다.

비관적일 필요는 없지만, 낙천적일 필요도 없습니다. 힘이 닿는 한 할 수 있는 것을 찾아서 최선을 다하다 보면, 어느덧 운명에 휩쓸리지 않고 운명의 주인이 될 것입니다.

chapter 4

다른
사람과
관계 맺는 법

경쟁을 그만두라

미야자와 가즈후미宮沢和史[9]가 부른 〈평소와는 다른 곳에서〉라는 노래는 '나'는 칭찬받기 위해 남을 짓밟으며 살아왔지만 그렇게 해서 도달한 은하계의 끝에는 칭찬해줄 사람이 아무도 없었다는 내용입니다. 나는 미야자와 씨가 이 노래에서 경쟁과 칭찬을 결부한 점이 흥미로웠습니다.

이 세상에는 칭찬받기 위해 '남을 짓밟으며' 사는 사람들이 많습니다. 어린아이는 칭찬해달라며 부모나 선생님을 조릅니다. 좋은 성적을 받으면 칭찬받겠지요. 그런데 좋은 점수를 낼 수 없을 때는 어떻게 해서든 목적(성적)을 달성하려 합니다.

처음에는 그렇게까지 아등바등하지 않았는데, 어쩌다가 점수가 잘 나왔습니다. 남이 어떻게 생각하는지 마음에 두지 않는다면, 다음 시험에서 성적이 좀 떨어져도 신경 쓰지 않을 것입니다. 부족한 부분은 더 열심히 공부하면 되니까요. 그러나 남들이 어떻게 생각하는지가 중요하다면 무슨 수단을 써서라도 좋은 결과를 내야 한다는 강박관념이 생깁니다.

작가 온다 리쿠는 이런 글을 썼습니다.

지금까지는 쉴 새 없이 날아다니느라 필사적이어서 목적지가 들판이라면 어디라도 좋았는데, 지금은 미리 지면에 그려진 지름 5미터 정도의 붉은 원 안에 착지하고 싶다고 생각하게 되었다.

— 온다 리쿠, 《소설 이외小說以外》

처음에는 마지막까지 작품을 쓸 수만 있으면 좋겠다고 생각했는데, 작품이 좋은 평가를 받으니 점점 착지할 수 있는 원이

작아진다는 말입니다. 그러나 이 또한 스스로 그렇게 만드는 것입니다. 그렇다고 해도 다른 사람의 평가는 신경 쓰지 않고 좋은 작품을 쓰겠다고만 생각하기는 어렵겠지요.

다른 사람과의 경쟁만 생각하다 보면 수단과 방법을 가리지 않게 됩니다. 그러나 이런 식으로 이겼다 한들 칭찬해줄 사람이 아무도 없다면 어떻게 될까요? 형제자매 관계든 다른 대인관계든 경쟁에서 진 사람은 정신적으로 불안해집니다.

정신건강을 해치는 가장 큰 요인은 '상하관계', 즉 '종적인 관계'와 그로 인한 '경쟁'입니다. 사람들은 누구나 밑으로 떨어지기를 싫어하고 위로 성장하고 싶어 합니다. 그러나 어떤 경쟁이든 이기는 사람이 있으면 지는 사람도 있게 마련입니다.

경쟁에 진 사람은 정신적으로 불안해지지만, 경쟁에서 이긴 사람도 정신적으로 안정되어 있지만은 않습니다. 계속 뒤를 쫓는 적을 이기지 않으면 안심할 수 없기 때문입니다. 그런 사람에게는 다른 사람이 곧 적이고, 이 세상은 위험한 곳입니다. 정말로 우수한 사람은 우수하다고 증명할 필요가 없습니다. 우수함을 증명하려는 사람은 자신이 우수하지 않다고 생각합니다. 그러나 어떤 일에서든 우수함을 증명하려 하면 지나치게 행동하게 됩니다.

다른 사람과의 경쟁에서 어떻게든 이기려 드는 사람은 상대방을 꺾을 때까지 안심하지 못합니다. 그러나 다른 사람이 없으면 경쟁에서 이겼다고 칭찬해줄 사람도, 자신의 실력을 인정해줄 사람도 없는 셈입니다.

물론 요즘 사회에서 경쟁하지 않을 수 없습니다. 입학시험이나 입사시험도 결국 다른 사람과 경쟁하는 것이니까요. 그러나 평소 대인관계까지 경쟁으로 여기는 것은 다른 문제입니다. 대인관계에서는 경쟁이 아닌 협력 관계를 구축해야 합니다. 협력할 줄 아는 사람은 필요하면 경쟁도 하지만, 경쟁밖에 모르는 사람은 협력하는 법을 모릅니다.

전혀 경쟁하지 않는 세상은 상상하기가 어렵습니다. 어떤 사람은 앞에서 빨리 걷고 어떤 사람은 뒤에서 천천히 걷습니다. 이는 앞과 뒤라는 차이는 있지만 우열과는 관계가 없습니다.

사회 안에서도 당연히 역할이나 직책에 차이가 있지만, 그 차이가 대인관계의 상하를 의미하지는 않습니다. 경쟁의 사다리에서는 어떻게든 남들보다 위로 올라가려 합니다. 그리고 위로 올라간 사람을 끌어내리지 않으면 안 됩니다.

미국의 교육학자이자 아들러 심리학 연구자인 오스카 크리스텐센Oscar C. Christensen의 둘째 딸은 초등학교에 들어가더니 셋째인 남동생에게 매일같이 글자 읽는 법을 가르쳤고, 남동생은 다섯 살 때 테이블 맞은편에서 아버지가 묵독하는 신문을 아버지보다 더 빨리 음독하게 되었다고 합니다.

그러나 크리스텐센은 남동생이 둘째 딸과 경쟁해서 이겼다는 뜻은 아니라고 생각했습니다. 동생이 신문을 술술 읽게 된 것은 누나가 읽는 법을 잘 가르친 덕분입니다. 동생은 누나에게 고마워했고, 누나는 남동생을 자랑스러워했습니다. 나중에 누나가 수학에 어려움을 느끼자, 동생이 누나에게 수학을 가르쳤습니다. 크리스텐센은 남매가 서로 도와준 덕분에 실력도 같이 향상되었다고 말했습니다. 형제간이니 가능한 것이라고 말하는 사람도 있을 테지만, 오히려 형제이기 때문에 더욱 치열한 경쟁을 벌이기도 한다는 것은 이미 살펴보았습니다.

정중한 말로 주장하라

'반항기'가 따로 있다기보다는 반항하게 만드는 부모가 있을 뿐이라고 앞에서 언급했는데, 부모가 의사소통을 잘하고 자녀가 적절히 주장을 펼치는 법을 배운다면 반항할 필요가 없습니다. 그런데 부모가 의사소통하는 법을 배우는 것을 기대하기는 어렵습니다. 어른은 지금껏 그랬듯 앞으로도 대화로 설득하기보다는 실력을 행사할 가능성이 높습니다. "불만이 있으면 돈을 벌든가."라는 식의 억지를 부릴지도 모릅니다.

어른과 아이는 대등합니다. 그러므로 어느 한쪽이 상대의 주장을 일방적으로 받들어야 할 이유는 없습니다. 언젠가 아들과 딸이 4년 간격을 두고 똑같은 말을 하는 것을 보고 놀란 적이 있습니다. 딸이 오빠한테 배운 것은 아니었습니다. 두 아이는 이렇게 말했습니다.

"부탁했을 때 들어줄 수 없을지도 모르지만, 그래도 말이라도 해보려고 하는데 괜찮을까요?"

어른은 아이가 요구하는 내용보다는 부탁하는 방법이 마음에 들지 않아서 아이의 요구를 묵살하곤 합니다. 그렇지만 이렇게 부탁하면 들어주지 않을 수 없을 것입니다. 어른이 아이를 대할 때도 당연히 이렇게 해야 할 것입니다. 무엇보다 상대가 말하는 것을 무조건 따라야 할 이유는 없습니다. 어른이나 아이나 받아들일 수 없는 주장은 거절해야 합니다. 그렇기 때문에 상대가 요구를 받아들이게 하려면 최대한 정중하게 부탁해야 합니다.

어디까지나 부탁이기 때문에 상대는 거절할 권리가 있으니, 부탁할 때는 상대가 싫다고 말할 수 있도록 여지를 남겨두어야 합니다. 그러면 무리라고 생각했던 요구도 뜻하지 않게 관철되는 경우가 많습니다.

그런데 대개는 이런 방식을 모르기 때문에, 게다가 요구하는 내용마저 떳떳하지 못하다면 더욱 말투가 거칠어집니다. "돈 좀 주지!"라는 식으로 말입니다. 부모에게 용돈을 달라고 하는 것이 부끄러운 일은 아니지만, 이런 식으로 말을 꺼내면 부탁을 들어줄 리가 없습니다.

분명하고도 정중하게 말로 주장하면 감정적으로 대응할 필요가 없어집니다. 분노하기 때문에 거친 목소리를 내는 것은 아닙니다. 상대에게 자신의 생각을 인정하게 하거나 사람을 움직이게 하려는 목적이 있고, 그 목적을 이루려고 분노의 감정을 수단으로 삼는 경우도 있습니다. 그러면 상대가 두려움을 느끼고 요구를 들어줄지도 모르지만, 기분 좋게 들어주지는 않겠지요.

그러나 화를 내서 사람을 움직이는 데 성공한 사람은 그런 경험이 관계를 더욱 악화시킨다고 생각하지 않습니다. 그래서 분노로 의사소통하려는 행동을 멈출 수 없습니다. 주장을 관철하는 데 성공하지 못해도 다른 방법을 모르는 사람은 조금만 더

화를 내면 상대가 마음을 고쳐먹고 말을 들어줄 것이라고 생각합니다.

보란 듯이 문을 쾅 닫을 필요도 없습니다. 무엇을 원하는지, 또는 무엇을 원하지 않는지 대화로 전달하면 됩니다. 화가 났다면 말로 전하면 됩니다. "지금 네가 한 말 때문에 화가 났다(상처받았다)."는 식으로 말입니다.

물론 화내는 것을 좋게 생각할 사람은 없습니다. 사실 감정적으로 대응할 생각은 없었는데 분노의 감정을 억제할 수 없다는 사람도 있습니다. 자신도 모르게 욱했다는 핑계로 감정적인 대응을 정당화하는 것일 뿐입니다. 분노가 등을 떠밀었다기보다는 다른 사람을 자기 마음대로 움직이려는 목적을 달성하려고 분노라는 감정을 이용한 셈입니다. 그러나 화내는 사람의 의도와는 달리, 화를 냄으로써 사이가 더 멀어지기 때문에 다른 사람을 자기 생각대로 움직일 수는 없습니다.

복수를 대신할
방법을 찾아라

나는 아이들이 어릴 때 어린이집에 통학시켜주었는데, 평소처럼 아이를 데리고 갔더니 분위기가 달랐습니다. 2세 반은 담당이 두 명으로, 나이가 있는 베테랑과 그해 취직한 젊은 선생님이었습니다. 둘이서 이야기를 나누고 있다가, 내가 교실에 들어가자 바로 대화를 멈췄습니다. 그런데 그 모습이 어딘지 이상했습니다.

살펴보니 젊은 선생님이 울고 있었습니다. 고개를 숙이고는 눈물을 떨어뜨리지 않으려 억누르고 있었습니다. 주변에는 아이 몇 명이 걱정스러운 얼굴로 서 있었습니다. 두 사람은 교실 양쪽 끝에 떨어져 앉아 있었습니다. 아마도 젊은 선생님이 뭔가 실수를 저질러서 베테랑 선생님이 꾸짖은 것 같았습니다. 이윽고 베테랑 선생님이 한마디 내뱉었습니다.

"하고 싶은 말이 있으면 해봐요."

이렇듯 감정적으로 비판하거나 꾸짖으면 두 사람의 관계는 멀어집니다. 교실 끝에서 끝이라는 두 선생님의 물리적 거리가 보여주듯, 두 사람의 심리적 거리도 그만큼 멀었습니다. 그러니 거리부터 좁혀야 합니다.

타당한 말이라고 해도, 혹은 타당하기 때문에 감정적으로 생각을 밀어붙이는 사람의 태도는 받아들이기 어렵습니다. 서슬이 퍼래서 "하고 싶은 말이 있으면 해봐요."라고 몰아붙이면 상대가 무슨 말을 할 수 있겠습니까.

연애도 마찬가지입니다. 사랑이라는 감정도 의사소통이 잘된다고 느끼는 순간 싹틉니다. 분노의 감정이 있을 때는 사랑이 존재하지 않습니다.

처음에는 상대와 잘 지내고 싶었더라도 분노의 감정이 생기면 주장이 상대방에게 전달되지 않습니다. 그러면 좋아하는 사람과도 거리가 멀어지게 되고, 본래 원하던 것을 얻을 수 없습니다. 상대가 주장을 받아준다고 해도 기분 좋게 받아주지 않으면 의미가 없습니다.

그뿐만 아니라 싫다고 거절하고 싶은데 차마 말하지 못하고 신경증에 걸릴 필요도 없습니다. 화를 냈더니 주위 사람들이 자기 생각대로 움직여준 경험을 하며 자란 사람은 어른이 되어서도 똑같이 행동하겠지만, 분노에는 엄청난 에너지가 필요하므로 이런 감정을 권할 수는 없습니다.

어느 날 아들에게 "너는 항상 솔직하게 이야기하던데, 어떻게 그럴 수 있지?"라고 물었더니 아들은 이렇게 대답했습니다.

"하지만 그 편이 확실하고 좋잖아요?"

맞는 말이라 달리 대꾸할 말이 없었습니다.

나는 어릴 때 부모와 다툰 적이 없었습니다. 목소리를 높여서 부모에게 요구해본 적도 없었습니다. 하고 싶은 말이 있는데도 주장하지 않았을 뿐인지도 모르겠습니다. 성인이 되고 나서 어느 날, 아버지에게 자전거를 사달라고 한 적이 있습니다. 그러자 아버지는 "네가 뭘 사달라고 하다니 별일이구나." 하며 기꺼이 원하는 자전거를 사주셨습니다. 주장하지 않으면 싸움도 없지만, 그 대신 상대에게 전달되지도 않습니다.

아버지에게 목소리를 높이며 대들었던 일이 떠오릅니다. 아버지가 내 인생에 끼어들었을 때입니다. 지금도 잘못된 생각은 아니었다고 판단하지만, 태어나서 처음으로 아버지에게 큰 소리로 대들었다는 사실에 스스로도 놀라서 즉시 부끄러워졌습니다. 그래서 나는 아버지에게 말했습니다.

"방금 윗사람이 아랫사람에게 하는 말투 같았어요."

아버지가 말뜻을 이해했는지는 모르지만 이렇게 대답했습니다.

"내 표현이 좋지 않았는지도 몰라."

그 후 아버지는 온화한 어조로 처음으로 젊은 시절 이야기를 들려주었습니다. 아버지와 대화할 수 있게 되기까지는 많은 시간이 필요했습니다.

그러니 설명하지 않아도 알아들으라는 식의 압력 때문에 잠자코 입 다물 것이 아니라 용기를 내서 주장해야 합니다. 많든 적든 풍파를 일으키겠지만, 아무것도 주장하지 않거나 간접적으로 주장함으로써(그러나 간접적인 주장은 이해받지 못하는 경우가 많습니다) 일방적으로 불리한 일을 당하지 않기를 바랍니다.

상처를 기억하지 마라

누군가 자살했다는 뉴스를 보면 안타까운 생각이 듭니다. 친구들에게 따돌림받았다거나 교사에게 체벌당한 것이 자살의 동기라고 할 때가 많지요. 그런데 정작 학교 관계자는 이상한 점은 없었다거나, 따돌림은 있었지만 별다른 낌새가 없으니 자살과 연관 짓기는 어렵다고 이야기합니다. 어떤 경우에는 반 친구의 실명을 거론하며 '복수하겠다'고 쓴 유서가 발견되기도 하는데, 목숨을 희생하면서까지 복수하는 것은 치러야 하는 대가가 너무 큽니다.

어떻게든 주목받고 싶은 사람은 짜증나거나 화낼 만한 행동을 하고도 주목받지 못하면 싸움을 겁니다. 그러다가 싸움에 지면 더는 싸움 상대 앞에 나서지 않지만, 상대가 보이지 않는

곳에서 화를 내기보다는 비참한 기분을 같이 맛보게 하려 듭니다. 그것이 복수입니다.

자살함으로써 복수하는 대신 학교에 가지 않는 사람도 있습니다. 그러나 이 또한 권장할 만한 것은 아닙니다. 선생님의 방식이 마음에 들지 않아서 학교를 그만두고 싶다는 상담을 한 적이 있습니다. 그러나 자신에게 상처를 주는 교사나 반 친구에게 복수하기 위해 수업에 빠지면 결국 자신에게만 불리합니다. 의무교육이 아니라면 진급을 못하기도 합니다.

한 선생님에게 7년 넘게 밤마다 무언의 전화가 걸려왔습니다. 그러던 어느 날, 선생님에게 어떤 제자 얼굴이 떠올랐습니다. 전화를 거는 사람이 그 제자일지도 모른다는 생각이 들었던 것입니다. 그날 밤에도 전화가 왔고 아무 말도 하지 않았습니다. 선생님은 "○○군?" 하고 물었더니 저쪽에서 "예." 하는 대답이 흘러나왔습니다. 7년 반이나 무언의 전화를 걸 정도였다면 달리 좋은 방법이 있었을 텐데, 하는 생각이 들었습니다.

무심히 던진 말에 상처를 받을 수는 있지만, 상처를 받고도 아무 반응 없이 잠자코 있으면 상처 준 사람에게는 그 감정이 전달되지 않습니다. 사람을 상대할 때 아무리 주도면밀하게 말을 골라도 자신도 모르는 사이에 다른 사람에게 상처를 줄 수도 있습니다. 그 자리에서 그 사실을 지적하지 않고 나중에야 단죄하려 하면 "진즉 말하지 그랬어."라고 할 것입니다. 그럴 생각은 없었다는 변명은 통하지 않습니다. 말해주었더라면 변명할 수도 있고, 사과할 수도 있고, 태도를 개선할 수도 있습니다. 남에게 고통을 주었다는 사실을 모르고 살아가는 것은 무서운 일입니다. 그러므로 누군가에게 상처를 줄 수 있다는 사실에 민감해져야 합니다.

한편 상처를 받은 사람은 자신에게 상처 준 사람을 말없이 단죄해봐야 문제가 해결되지 않는다는 사실을 알아야 합니다. 상담하면서도 자신이 얼마나 억울한지, 이런 생각을 하게 만든 사람이 얼마나 고약한지 푸념만 늘어놓으면 절대로 문제는 해결되지 않습니다.

물론 당신 탓이 아니라는 말을 들으면 마음은 편안해지겠지요. 남 탓으로 돌리면 되니까, 남 탓으로 돌릴 수 없었기 때문에 지금껏 괴로웠으니까, 이런 말을 카운슬러에게서 들으면 당시에는 마음이 편해질지 몰라도 근본적인 해결책은 되지 않습니다. 나는 이런 상담을 면죄 카운슬링이라고 부릅니다. 남 탓을 하거나 아무 노력도 하지 않으면서 치유되는 듯한 환상을 가져봐야 진정한 의미에서는 조금도 편안해질 수 없습니다. 무언의 전화를 줄기차게 걸어대면 상대는 불편해하거나 두려워할지 모르지만, 이런 때는 '직접' 자신이 상대의 어떤 언동 때문에 상처받았는지 알려주어야 합니다.

똑같은 말로 누구나 비슷하게 상처받는 것은 아닙니다. 실수를 저질러서 비난받을 경우, 실수한 사항에 대해 주의 받았을 뿐이라고 생각하는 사람은 상처받지 않습니다. 그러나 같은 상황이라도 인격을 비난당했다고 받아들이는 사람은 상처받습니다. 이런 경우 상처를 받지 않으려면 상대의 말이 인격에 대한 비난이나 공격이라고 생각하지 않는 것이 좋습니다.

또 상대의 언동에는 반드시 좋은 의도가 숨어 있다고 생각하는 것도 도움이 됩니다. 어머니가 젊은 나이에 세상을 떠나고 한동안 아버지와 단둘이 살았는데, 주로 외식으로 끼니를 해결하다 보니 돈이 많이 들었습니다. 직접 해 먹어야겠다고 생각하던 어느 날, 아버지는 "누군가 식사 준비를 해야 한다."고 말했습니다. 표면적으로는 아버지와 내가 처한 상황을 설명한 것이지만, 분명 나더러 요리를 하라는 아버지의 명령이 함축되어 있었습니다. 이런 상황에서 "누군가 식사준비를 해야 한다."는 말에 "그러게요." 하고 대화를 끝낼 수는 없었습니다. 그래서 요리를 하라는 거구나, 하고 자연스럽게 받아들이고는 처음으로 요리에 도전했습니다. 요리를 해보지 않은 것이 억울할 만큼 요리가 재미있었습니다. 그래서 요리책을 몇 권 사다가 이것저것 만들어보았습니다.

어느 날, 카레라이스를 만들었는데 요리책에는 카레가루를 볶아서 루를 만들라고 쓰어 있었기 때문에 가루가 타지 않도록 약한 불에 볶아서 세 시간이나 걸렸습니다. 이윽고 집에 돌아온 아버지는 내가 만든 카레를 맛보더니 이렇게 말했습니다.

"이제는 만들지 마라."

이때 아버지 말에 상처를 받았습니다. 시간을 들여 만들었는데 수고했다는 말도 없이 불쑥 그런 식으로 말하다니 너무하다고 생각했습니다. 아버지를 위해서는 요리를 하지 않겠다고 다짐까지 했습니다.

그러나 아버지는 맛없는 요리를 더는 만들지 말라는 의미가 아니었습니다. 학생이고 공부해야 하니까 시간이 많이 걸리는 요리는 '더는 하지 마라'는 의미였다는 사실은 10년도 더 지나서야 깨달았습니다. 물론 아버지 말뜻을 이해하기 위해 10년이나 기다릴 필요는 없었습니다. 그 자리에서 무슨 뜻이냐고 묻든가, 하다못해 아버지는 좋은 의도로 그런 말을 했으리라고 생각할 수도 있었습니다.

상대에게 오해받지 않도록 최선을 다해야 하지만, 그렇다고 상대가 최선을 다해 말해주리라는 보장은 없습니다. 관계가 좋지 않으면 어떤 말을 해도 쉽게 악의를 찾아낼 수 있습니다. 좋은 의도를 찾아보려고 하면 그 마음처럼 관계가 달라집니다.

아버지는 이런 말을 했다는 사실조차 기억하지 못합니다. 아버지가 하는 말의 의미는 묻지 않아도 안다고 생각해서 오랫동안 언짢게 여기며 상처받았던 내가 어리석었습니다.

스스로 과제를 해결하라

적극적으로 주장하다 보면 때로는 풍파가 일어나기도 합니다. 그러나 주장하지 않으면 생각은 전달되지 않고, 풍파가 두려워 주장을 피한 대가는 자신에게 돌아오게 마련입니다.

한 젊은 여성이 얼굴을 성형하고 싶었습니다. 부모는 반대했지만, 부모 말에는 귀 기울이려 하지 않았습니다. 난감해진 부모는 친하게 지내던 정신과 의사에게 딸을 데려갔습니다. 그녀는 처음 만난 정신과 의사에게 이렇게 말했습니다.

"선생님도 어차피 반대하실 거지요?"

그런데 정신과 의사는 예상과 달리 이렇게 대답했습니다.

"성형해도 괜찮을 것 같은데요."

이 말을 들은 부모는 크게 화를 냈습니다. 딸의 마음을 돌려주리라고 기대했기 때문입니다. 의사는 "따님이 자신의 얼굴에 책임을 질 수 있으리라고 생각합니다."라고 말했습니다.

이 말을 들은 그녀는 아주 기뻐했습니다. 드디어 수술 날이 다가왔고, 수술을 맡은 의사가 이렇게 말했습니다.

"아직 젊으니까 대폭적으로 수술하지 않고 조금만 고치는 게 어떨까 싶은데요."

그녀는 의사의 권유에 따랐습니다. 그러나 정신과 의사가 스스로 책임을 질 수 있다고 말해주지 않았더라면 부모에게 지고 싶지 않다는 생각에 성형외과 의사의 권유를 따르지 않았을지도 모릅니다. 중요한 것은 그녀가 스스로 자신의 '과제'를 결정할 수 있었다는 점입니다. 그런데 여기서 말하는 '과제'란 무엇일까요?

어릴 때 내가 살던 집은 학교에서 멀었고 주위에 인가가 없어서 방과 후에 친구 집에 놀러 가는 일이 거의 없었습니다. 어

느 날, 친구가 전화를 걸어서 자기 집에 놀러 오지 않겠느냐고
했습니다.

나는 옆에 있던 어머니에게 친구 집에 놀러 가도 괜찮은
지 물었습니다. 그러자 어머니는 "그런 일은 스스로 결정하면
돼."라고 대답했습니다. 초등학교 3~4학년 때였으니, 조금 더
어렸으면 대답이 달라졌을 수도 있습니다. 혼자 하는 외출에
책임을 질 수 없었을 테니 말입니다.

즉, 어떤 일의 최종 결말이 누구에게 떨어지느냐, 또는 최종
적으로 책임을 누가 져야 하느냐를 생각하면 그 일이 누구의
'과제'인지 알 수 있습니다. 공부를 하고 안 하고는 어디까지나
아이의 과제이지, 부모의 과제가 아닙니다. 자신의 과제라면
스스로 할 수밖에 없습니다.

그러나 부모들이 이 사실을 이해하지 못하기 때문에 자녀의
공부를 부모의 과제로 여깁니다. 그래서 자녀의 공부에 간섭합
니다. 대부분의 대인관계 갈등은 남의 과제에 개입하거나 간섭
하는 데서 일어납니다. 자녀가 부모에게 '공부하라'는 말을 들

으면 싫은 것은 이런 이유입니다.

어느 날 어머니가 비바람이 너무 거세니 비옷을 입고 가라고 한 적이 있습니다. 비바람 속을 걸으면 물에 빠진 생쥐 꼴이었을 테니 어머니의 말은 틀리지 않았습니다. 그런데 학교 친구들은 아무도 비옷을 입지 않았습니다. 부끄러웠습니다. 비옷을 입은 것에 대해 아무 말도 하지 않았지만 말입니다.

비 오는 날 비옷을 입을지 말지 결정하는 것은 아이의 과제입니다. 그런데 이를 부모의 과제라고 생각해서 아이에게 비옷을 입으라고 하면 아이는 부모에게 반발하고 싶어집니다. 부모의 말이 옳다는 것을 알아도 그렇습니다. 아니, 오히려 옳을수록 괜히 더 반발하고 싶어집니다.

부모가 자녀의 과제에 간섭하려 할 때는 "이건 제 과제이지, 부모님의 과제가 아닙니다."라고 말하면 됩니다. 부모님은 "너를 위해서."라고 말하겠지만, 아이를 걱정하는 것은 부모의 과제입니다. 아이의 입장에서는 부모의 과제를 위해 기대에 부응해줄 필요는 없습니다.

그런데 부모가 자녀의 과제에 개입할 때 자녀 역시 자신의 과제를 받아들이려고 하지 않을 때도 있습니다. 예를 들면, 아이가 깜빡하고 학교에 물건을 두고 왔을 때 부모가 챙겨주지 않아서 깜빡 잊어버렸다는 식으로 말하는 입니다. 자신의 과제이면서도 아이는 그 사실을 인정하고 싶지 않은 것입니다.

부모가 결혼을 반대하는 경우 연인과 결혼도 하고 부모님도 실망시키지 않는 선택지는 없지만, 부모를 실망시키지 않으려고 부모의 뜻에 따르는 사람이 있습니다. 부모를 위해서 연인과 헤어진 사람이 나중에 그 결단을 후회하지 않으리라고는 말할 수 없습니다. 그리고 후회하게 되었을 때, 그 일에 책임을 지고 부모를 원망하지 않을 자신이 있나요?

오랫동안 밖에 나가지 않고 집에만 처박혀 있는 사람이 있었습니다. 부모는 일하지 않고 집에만 있는 자식을 보고만 있을 수 없어서 나에게 상담을 하러 왔습니다. 부모는 어떻게 하면 아이가 나가서 일하게 할 수 있을지를 알고 싶어 온 것이지만, 어떤 식으로 살아갈지는 자식이 결정할 일이고 그만이 결정할 수 있는 일입니다. 즉, 자녀의 과제입니다.

집에 있는 자식을 어떻게 대해야 하는지, 또 부모에게도 자신들의 인생이 있으므로 그들의 삶을 충실하게 살아가도록 도움은 줄 수 있습니다. 아무리 부모라도 자식의 인생을 대신 살아줄 수 없다는 사실을 깨달은 부모는 이윽고 상담하러 오지 않게 되었습니다.

그로부터 몇 년 뒤 그 청년이 찾아왔습니다. "이제는 아버지나 어머니도 전처럼 저를 걱정하지 않습니다. 그래서 앞으로 어떻게 하면 좋을지 몰라서 찾아왔습니다." 하고 말했습니다. 그제야 그는 자신의 인생에 대해 생각하기 시작했고 과제 해결을 위해 움직였습니다. 자신의 과제를 대신 해줄 사람도 없거니와, 그럴 수도 없습니다. 다른 누구도 아닌 자신의 인생을 살아가야 할 필요를 느꼈을 때 그는 '앞으로' 어떻게 할지, '어디로' 갈지 생각하기 시작했습니다.

실패할 용기를 내라

내가 학생 시절 과외를 했던 고등학생은 진학할 대학에 대해 조언(혹은 간섭)하는 아버지에게 자신의 인생이니 스스로 선택하게 해달라고 말했습니다.

"지금 아버지의 조언을 따랐다가 4년 뒤 그 대학에 가지 말걸 그랬다는 생각이 들면 아버지를 평생 원망하게 될 텐데 그래도 괜찮겠습니까?" 부모도 대꾸할 말이 없었겠지만, 자식도 책임질 각오가 되어 있었던 것이지요.

그러나 과제를 너무 무겁게 받아들이지 않아야 합니다. 실패를 두려워하여 처음부터 과제를 떠안지 않는 사람도 있기 때문입니다. 실패하면 책임을 져야 합니다. 실패를 비난하는 사람도 있겠지만 그 경우에도 실패한 과제가 문제일 뿐, 인격이 비난받는 것은 아닙니다.

물론 인격을 비난하는 사람이 아예 없다고는 할 수 없습니다. 그래도 문제가 되는 것은 과제라고 생각해야 합니다. 필요하면 사과하고 앞으로 같은 실수를 저지르지 않기 위해 어떻게 하면 좋을지 생각하는 것이 실패에 대해 책임을 지는 행동입니다. 그리고 책임을 지는 이상 주변 사람이 무슨 말을 하든 겁내지 말고 과제에 도전해야 합니다.

과제에 실패해도 책망을 당하지 않을 만큼 어려운 과제도 있습니다. 그럴 경우에는 지금 할 수 있는 일부터 하는 수밖에 없고, 필요하면 다른 사람에게 도움을 청해야 합니다. 혼자서 문제를 끌어안더라도 자력으로는 어떻게든 할 수 없는 경우도 있습니다. 스스로 할 일도 다른 사람에게 부탁하는 사람이라면 이해할 수 없을지 모르지만, 못하는 것을 못한다고 말하는 것도 용기입니다. 불완전한 용기여도 괜찮습니다. 실패를 두려워하지 않는다는 의미에서 실패하는 용기도 필요합니다.

실패를 두려워해서 과제를 포기하거나 처음부터 과제에 도전하지 못하는 사람도 있고, 완벽하게 잘해낼 수 없을 것 같으면 아예 손도 대지 않으려는 사람도 있습니다. 가상의 가능성을 남겨두고 싶고, 하면 잘할 텐데, 라는 말이 하고 싶기 때문이지만 절반이라도, 아니 3분의 1이라도 하는 편이 아예 안 하는 것보다는 훨씬 바람직하지 않을까요?

이는 고민할 때도 적용할 수 있습니다. A와 B 가운데 어느 쪽을 선택할지 고민하는 사람은 고민하는 동안은 결정하지 않아도 됩니다. 고민을 질질 끌면 과제에 직면하기를 계속 미루는 셈이므로, 고민을 멈췄을 때는 즉각 결정해야 합니다.

한편, 부모가 자녀의 과제에 대해 계속 틀린 말을 하는 경우가 있습니다. 그렇다고 해도 부모를 원망하는 것은 아무 의미도 없습니다.

물론 부모의 영향력은 매우 큽니다. 그렇더라도 부모가 당신의 라이프스타일을 만든 것은 아닙니다. 스스로 그것을 선택했던 것입니다. 부모뿐만 아니라 모든 대인관계와 환경, 과거의 모든 사건이 영향을 미쳤겠지만 그것이 당신의 라이프스타일을 결정한 것은 아닙니다.

스스로 선택했다고 해도 먼 옛날의 일이고, 의식하고 선택한 것은 아니었으니 스스로 선택했다고 할 수는 없다고 생각하는 사람도 있습니다. 그렇다고 해도 과거로 돌아갈 수는 없습니다.

스스로 선택한 것이므로 다시 선택할 수도 있습니다. 오히려 모든 것이 과거의 사건이나 외적 환경에 의해 결정되었다면, 즉 자유의지가 없다면 우리의 삶은 무슨 의미가 있을까요? 잘못이 있어도 스스로 선택할 수 있다는 것이 살아갈 의미를 부여해준다고 생각합니다.

운명은 이미 정해져 있다고 여기고 지금 자신이 불행한 원인을 스스로 어떻게 할 수 없는 사정에서 찾으려는 것은 인생의 과제에서 등을 돌리는 셈입니다. 당신 탓이 아니라는 말을 들으면 마음은 편하겠지요. 그런 말을 듣고 싶을 만큼 절망적인 상황은 분명 있습니다. 그러나 그 수준에 머무른 채로, 카운슬러마저 피상담자가 스스로 깨닫지 못한 것까지 들이대며 지금 당신이 살기 괴로운 것은 당신의 책임이 아니라고 말한다면, 인생의 과제에 직면할 용기가 부족한 사람은 자기 탓이 아니라며 인생의 과제에서 등을 돌리고 회피하려고 결심하지 않을까요.

chapter 5

인생을
어떻게
살 것인가

지금 여기에서 행복하기

처음에는 낙천적이었는데 비관적으로 바뀌거나 처음부터 비관적인 사람이 존재하는 것은 인생이 계속되는 것이 아니라 언젠가는 끝이 있기 때문입니다. 지금 내가 행복한 삶을 사는 것인지, 인생의 마지막이 되기 전에 알 수는 없을까요? 솔론이 크로이소스에게 했던 말을 떠올려봅시다. 솔론은 이렇게 말했습니다.

"살아 있는 한 누구도 영원히 행복하다고 할 수 없다."

요즘 '인생은 계속된다'는 생각이 좀처럼 떠나지 않습니다. 얼마 전에 받은 동창회 안내장에는 '인생의 반환점을 지나……'라고 쓰여 있었습니다. 이 안내장을 쓴 사람은 인생은 70년쯤이라고 보고 50세라면 절반을 지났다고 생각해서 이렇게 썼겠지요. 나이가 어렸을 때는 인생이 곧 끝나리라고 생각 조차 하기가 어렵습니다. 그러나 따지고 보면 내일이 올지는 아무도 장담할 수 없습니다. 그렇기 때문에 젊었거나 늙었거나 상관없이 이미 반환점을 지나고 있는지도 모릅니다.

대학에 들어가서 졸업하면 취직하고, 돈을 모아 집을 산 뒤 결혼해서 자식은 몇 명 낳고, 퇴직한 뒤에는 연금으로 생활한다는 식으로 인생을 설계하는 사람이 있습니다. 이렇게 인생을 설계할 수 있다고 생각하는 것은 인생의 앞날이 보일 것 같기 때문입니다.

고등학교 때 내 인생의 연표를 작성한 적이 있었습니다. 그 때까지 살아온 기억에 관해서는 몇 살 때 무슨 일이 있었는지 쓸 수 있지만, 미래는 무엇 하나 확실하지 않았습니다. 그래도 40세 정도까지 연표를 만들었습니다. 그 나이를 지난 지금에 와서 다시 연표를 들여다보니 무엇 하나 예정대로 실현된 것이 없다는 사실을 깨닫습니다.

취직이 결정된 어떤 이가 있었는데, 계속 지금의 회사에서 정년까지 근무할 것을 생각하니 끔찍했습니다. 그러나 요즘 같은 시대에는 그런 식으로 생각할 수 없습니다. 언제 해고될지, 회사 자체가 도산해버릴지 모르기 때문입니다. 지금은 팔팔해도 언제 질병에 걸릴지 알 수 없습니다. 그렇게 되면 하고 싶어도 일을 못하겠지요. 회사를 그만둘 수도 있습니다.

왜 인생의 앞날이 보이는 것처럼 생각될까요? 흐릿하게만 비추기 때문입니다. 어렴풋한 빛을 보고 있으면 내일도 오늘의 연장으로 보이고 그다음 날도 비슷하리라는 생각이 듭니다. 그러니 '지금 이 순간'에 강한 빛을 받는 것은 어떨까요? 무대에 서서 스포트라이트를 받으면 객석이 보이지 않습니다. 그렇게 강한 빛을 지금의 자신에게 비추고 내일이 보이지 않는, 내일 일을 생각하지 않아도 좋을 삶을 선택하길 바랍니다. 그러면 과거도 미래도 보이지 않습니다. 지금 바로 이곳에서 강한 스포트라이트를 받으며 살아가는 사람은 훗날 어떤 사람이 될지

예측할 수 없습니다. 그렇게 오늘 하루를 마음껏 살고 '지금 바로 이곳'에서 행복을 발견하다 보면 그 순간들이 이어져 인생이 됩니다.

지금 자신의 인생이 어디쯤 와 있는지, 반환점은 아직 멀었는지, 아니면 지났는지를 생각하거나, 출생과 죽음을 출발점과 도착점으로 정하고 인생을 수직선처럼 보는 것이 인생을 바라보는 유일한 방식은 아닙니다.

한 발 한 발
앞으로 나아가기

인생의 길은 평탄하지 않으며 산길이나 언덕길처럼 험준합니다. 물론 오르막이 있으면 내리막도 있을 테니 비교적 걷기 편한 길도 있고, 능선처럼 산 아래로 보이는 경치를 즐기면서 걸을 수도 있습니다.

평탄한 길이라고 해도 항상 같은 속도로 걷는 것은 아닙니다. 앞으로 나아가지 않아도 높은 곳까지 올라갈 때도 있고, 비교적 평탄한 길을 걸어 앞으로 나아가기도 합니다. 어느 길이 좋다거나 나쁘다는 말이 아닙니다. 산길이나 언덕길은 험하고 힘들지만 서두를 필요 없이 한발씩 앞으로 나아가는 데 삶의 기쁨이 있습니다. 그렇게 걸어가다 보면 자신이 걷는 길에 애착을 느끼기도 합니다.

움직임에는 여러 가지가 있습니다. 우선 학교나 회사에 갈 때, 집에서 목적지까지의 이동(움직임)은 아직 도달하지 않았다는 의미에서 미완성이고 불완전합니다. '이루는 중'이 아니라 얼마만큼의 일을 얼마만큼의 시간을 들여 '이루어냈는가' 하는 것이 중요합니다.

한편, 이와는 달리 춤을 추는 것처럼 움직일 수도 있습니다. 무용은 춤을 추는 행위에 의미가 있을 뿐, 춤을 추어서 어딘가에 도달하려 하지는 않습니다. 춤을 춘 결과로 어딘가에 도달하겠지만 어딘가 가기 위해 춤을 추는 사람은 없습니다. 어딘가 도착하는 것이 목적이라면 무용은 비효율적입니다.

어딘가로 가기 위한 것이 아니라 춤추는 것 자체가 목적이고, 그때그때의 움직임으로 완전합니다. '어디서부터 어디까지' 하는 것도, '얼마 동안'이라는 것도 중요하지 않습니다. '이루는 중'인 것이 그대로 '이루어낸' 것입니다.

여행 역시 이러한 움직임입니다. 목적지까지 효율적으로 가서 그곳에서 효율적으로 관광 명소를 도는 것을 여행이라고 생각하는 사람도 있겠지만, 목적지에 닿기 전에 집을 떠나는 순간부터 여행이 시작되며 목적지가 여행의 목적이라기보다는 집은 떠나 순간순간이 여행이라고 할 수 있습니다.

그렇다면 살아가는 일은 어떤 움직임일까요? 목적지에 효율적으로 가는 통학 같은 것이라기보다는 여행 같은 것이라고 생각합니다. 인생에서는 어딘가에 도달하지 않고도, 도착을 기다리지 않고도, 시시각각 '지금' '살아가고 있다'고 할 수 있기 때문입니다.

통학은 여행과 다르지만, 여행을 가지 않아도 통학 전철 안에서도 창밖의 경치에 잠시 마음을 빼앗기고 학교에 도착하기까지 과정을 즐길 수도 있습니다. 그런 식으로 생각하면 효율을 중요시하는 일상생활도 매일 똑같이 반복되는 것만은 아닙니다. 오늘은 어제의 연장이 아니고 내일은 오늘의 반복이 아닙니다.

사람들은 '만약 ~라면'이라고 가정하곤 합니다. 만약 학교를 졸업한다면, 취직을 한다면, 결혼을 한다면……. 그러나 이런 일이 실현되지 않을 수도 있습니다. 그렇기 때문에 실현되지 않더라도 이에 이르는 과정에서 이미 살아가는 일은 완성되고 있습니다. 그렇다면 인생이 갑작스레 끝나더라도 뜻을 이루지 못하고 도중에 쓰러졌다는 식으로는 이야기하지 않을 것입니다. 지금은 리허설이 아니라 본격적인 무대에 선 것이니까요.

그러므로 "살아 있는 한 누구도 영원히 행복하다고 할 수 없다."라는 솔론의 말에 대해 인간의 행복은 그가 죽을 때까지 기다릴 필요가 없다고 대답할 수 있습니다.

고통을 지렛대로 성장하기

인생은 험준한 길이 대부분입니다. 괴롭기도 하지만 즐겁기도 하고, 살아 있으면 좋은 날도 온다는 말은 사실이 아닙니다. 오히려 살아가는 것은 고통입니다. 그런데 무엇이 고통인지는 명확하지 않습니다. 인생에서 경험하는 고통과 일반적으로 일어나는 사건은 어떻게 해석하느냐에 따라 괴롭기만 한 것이 아니기도 하기 때문입니다.

그러나 나는 이 세상에서 일어나는 모든 일에 의미가 있다고는 생각하지 않습니다. 죄도 없는 사람이 우연히 그 자리에 있었다는 이유만으로 괴한의 흉기에 찔리거나, 젊은 나이에 병으로 쓰러지는 일에 의미가 있다고는 생각할 수 없기 때문입니다.

물론 불행이나 질병은 신이 인간을 벌하기 위해 내린 것도 아니고, 전생의 업도 아닙니다. 왜 그런 일이 일어나는지 알 수 없고, 부조리하고 비참한 사건을 완전히 방지할 수도 없습니다. 그런데도 우리는 고통이나 불행을 극복할 힘과 용기를 가지고 있습니다.

게다가 일어나는 모든 사건에 의미를 둔다면 이 세상을 있는 그대로 긍정하게 됩니다. 사실 이 세상은 다양한 악으로 가득 차 있습니다. 자연재해가 일어나지 못하게 막을 수는 없지만 사람의 힘으로 피해를 줄일 수는 있습니다.

인생의 고통을 극복하는 힘을 발휘하려면 왜 이런 일이 일어났는가 하는 원인을 과거에서 찾는 대신 앞으로 무엇을 어떻게 해야 할지, 무엇을 할 수 있을지 생각할 필요가 있습니다. 그리고 이런 일이 자신과 직접적인 관계가 없어 보여도 자신이 할 수 있는 일은 없는지 생각해야 합니다.

《유마경維摩經》이라는 경전에 석존의 제자인 문수보살이 병을 앓는 유마를 방문하는 장면이 있습니다. "이 질병은 무엇 때문에 일어났는가?"라는 질문에 유마는 이렇게 대답했습니다. "일체중생이 앓고 있으니 그 이유로 나도 앓는 것입니다."

다른 사람이 괴로워한다고 해서 함께 괴로워한들 무엇이 달라지겠느냐고 생각할 수도 있겠지만, 유마는 다른 사람의 고통을 제쳐두고 자기만 행복해질 수는 없다고 생각했습니다. 다른 사람이 고통받을 때 무엇을 할 수 있을지는 제쳐두고라도 자신과 관계없다고 여기는 것과 그렇지 않은 것은 차이가 크다고 생각합니다.

불교학자 스즈키 다이세츠鈴木大拙[10]는 어느 날 역을 지나가다가 몸이 불편한 청년을 보고 말했습니다. "우리 모두의 책임이다. 가만히 있을 수 없어. 이건 우리가 할 일이다. 우리의 일이다." 그는 자신과 다른 사람을 떼어서 생각할 수 없었던 것입니다.

당연히 한계는 있지만, 인생에서 일어나는 모든 일이 생각대로 되지 않기 때문에 고통을 지렛대로 해서 오히려 성장할 수 있습니다. 새에게는 공기가 저항이 되지만 나는 것을 방해하기는커녕 타고 날아 올라가게 합니다. 인생에서 일어나는 일마다 막연히 의미가 있다고만 하지 말고, 부조리를 초월해 인생에 의미를 부여해야 합니다. 그렇게 할 수 있는 사람은 바로 당신입니다.

과거보다 현재를 바라보기

불가항력에 의해 일어나는 사건은 막을 도리가 없지만, 분명 할 수 있는 일은 있습니다. 사람의 고뇌는 대인관계에서 비롯되는 것이지만 지금 살기 힘들다고 생각하는 사람도 지금만큼은 살기 힘들다고 느끼지 않고 살아갈 수는 있습니다.

그러나 눈은 과거로 향하고 과거의 사건이 원인이 되어 그 결과 지금의 자신이 형성되었다는 식으로 생각하면 미래가 암담해집니다. 지금까지 일어난 일은 바꿀 수 없지만 세계에 대한 견해, 다른 사람과 관계를 만들어나가는 방법은 지금까지와 달리 만들 수 있습니다. 그러면 상황은 달라질 것입니다.

변화를 이끌어내려면 현실을 초월할 필요가 있습니다. 즉, 지금의 모습이 모든 것이라서 도저히 어찌할 수 없다는 식으로 생각하지 말아야 합니다. 현실은 있는 그대로 옳은 것이 아닙니다. 배가 고프다고 마음껏 뭐든 먹어도 되는 것은 아닙니다. 누구나 '선'을 원하지만, 무엇이 선(도움이 되는 것)인지는 사람의 의도에 의해 결정되지 않습니다. 현재 상황이 이상과 일치하는 경우는 없습니다. 어떻게 살아야 할지 생각한다는 것은 현재 상황을 추인^{追認}하는 것이 아니라 현실을 극복하는 일입니다. 그러려면 현실의 상황이 어떠하든 이상을 추구해야 합니다.

과거에 일어난 일을 나중에 설명하는 것을 사후 논리라고 합니다. 감정적이 되어 자식을 꾸짖는 부모는 그 이유를 얼마든지 찾을 수 있습니다. 국가는 다른 나라와 전쟁할 때 대의명분을 내걸지만, 애초에 전쟁을 하려는 목표는 따로 있습니다. 전쟁을 어떻게든 정당화하려고 사후에(즉, 전쟁을 하려고 결정한 후) 대의명분을 내세우는 것입니다. 전쟁을 하는 것이 선인지 검토하지 않고, 무비판적으로 결정한 일을 나중에 정당화할 뿐입니다.

심리학에서도 마찬가지입니다. 현재 상황을 사후에 설명하는 심리학은 현실을 추인할 뿐이기 때문에 현실을 바꿀 힘이 없습니다. 심리학이 시선을 과거로 향하고 증상의 원인을 분석

하는 것으로 일관하며 지금 상태를 그대로 받아들이기만 하면
사람을 바꿀 수 없습니다.

삶은 리허설이
아님을 기억하라

현실을 극복하는 한편 현실과 접점을 잃지 않는 것도 중요합
니다. 앞에서도 살펴봤듯이, 현재의 삶은 리허설이 아니라 본
격적인 무대입니다. 지금 말고 무대는 없습니다. '만약 ~라면'
이라는 가능성만 보고 사는 것은 현실과의 접점을 잃는 것입
니다. 미래는 현재를 건너뛰고는 다가오지 않습니다.

　머릿속으로 아무리 고민해봐야 문제 해결을 미룰 뿐입니다.
그러니 고민하기를 멈추고 지금 할 수 있는 일을 생각해야 합
니다. 지금 무엇을 할지가 중요하기 때문에 손을 놓고 있다가
는 좋은 기회를 놓칠 수도 있습니다.

행위에는 목적이 있는데 그 목적이 반드시 미래에 있어야 하는 것은 아닙니다. 미래에 목표를 설정해도 그것에 이르기까지의 과정은 목표 달성을 위한 수단이 아니며, 미완성의 삶도 아닙니다.

이는 이상으로서의 목적, 목표를 갖는 것과 모순되지 않습니다. 지금 바로 이곳에 살고 있다는 사실이 수평적인 것이라면 이상으로서 목적, 목표는 수직적이라고 할 수 있습니다. 이 이상을 실현하려면 지금 바로 이곳에서 시작하는 수밖에 없습니다.

앞으로 어떻게 할지 결정하고 행복하게 사는 방향으로 발걸음을 내디뎌야 합니다. 물론 누구나 이 길을 가면 행복해지는 길은 정해져 있지 않지만 말입니다.

인생을 미룰 것이 아니라 지금 여기를 살아가야 합니다. 순간순간을 소중하게 살아간다고 해서 늘 숨이 막힐 듯 긴장하고 있다는 뜻은 아닙니다. 성서에도 "누구도 태어날 때와 죽을 때를 정할 수 없다. 그러나 인간에게 가장 행복한 것은 기쁘고 즐겁게 살아가는 것이다."라는 말이 있습니다.

살아가는 기쁨을 느끼려면 먼저 진지해져야 합니다. 그러나 진지한 것과 심각한 것은 다릅니다. 실수를 저질렀다고 해서 심각하게 고민해봐야 되돌릴 수는 없습니다. 완전히 원상회복할 수 없더라도 가능한 한 노력하는 것이 실패에 대한 책임을 지는 행동이고, 또다시 실수하지 않도록 진지하게 노력하는 일입니다. 심각해지면 실수할 수 있다는 두려움 때문에 과제를 회피할 구실을 찾고 앞으로 나아가지 못합니다.

과거와 미래도 삶의 기쁨을 빼앗을 수 있습니다. 과거를 생각하고 후회할 시간이 있다면 지금 할 수 있는 일을 해야 합니다. 영국의 사상가이자 역사가인 칼라일Thomas Carlyle[11]은 몇 십 년에 걸쳐 쓴 책의 원고를 하녀의 실수로 모두 태워버렸습니다. 열흘이나 넋을 잃고 지냈지만 다시금 용기를 냈습니다. 이를 두고 종교가인 우치무라 간조內村鑑三[12]는 다음과 같이 썼습니다.

토머스 칼라일이여, 당신은 참 어리석다. 당신이 쓴 《프랑스 혁명The French Revolution》은 그렇게 귀한 것이 아니다.

첫째로 귀한 것은 당신이 이 난관을 견디며 그렇게 다시 펜을 잡고 그것을 새롭게 써내려간 일이다. 그것이 당신이 진정 훌륭한 면이다. 절망에 빠진 사람이 쓴《프랑스 혁명》을 사회에 내봐야 도움이 되지 않는다, 그러므로 다시 한 번 새롭게 쓰라.

— 우치무라 간조, 《후세에게 보내는 최대 유물後世への最大遺物》

약간의 용기가 가져다줄
놀라운 삶의 기쁨

한편 미래를 생각하면 불안해집니다. 그러나 미래에 대한 상상은 현재 하는 것이기 때문에 아무리 구체적으로 상상해도 그대로 미래에 실현되지 않습니다. 게다가 나쁜 일이 반드시 일어날 것이라고 생각하는 사람은 그렇게 생각함으로써 인생의 과제에서 회피하는 구실로 삼으려는 것입니다.

죽음이 반드시 무서운 것인지 어떤지는 실제로 임종의 때가 닥치지 않고서는 알 수 없습니다. 그런데도 무서운 것이라고 단정 짓는다면 모르면서 안다고 생각하는 셈입니다. 죽음이 무엇인지 아는 것이 무의미하지는 않지만, 죽음이 어떤 것인지는 막상 때가 되지 않고서는 알 수 없으며, 죽음이 어떤 것이냐에 따라 지금의 삶이 바뀌지도 않을 것입니다. '다음', 즉 미래의 일을 생각할 필요가 없을 만큼 지금 바로 이곳에서 힘껏 살다 보면 죽음을 포함한 앞날의 일은 그다지 걱정거리가 아닙니다.

이 세상은 결코 장밋빛이 아니며 불쾌한 일도, 부조리한 일도 있습니다. 피할 수는 없지만, 삶의 기쁨을 빼앗지는 못합니다. 그렇기에 이 세상을 조금이라도 낫게 만드는 일에 공헌해야 합니다. 다른 사람과 쌓아가는 관계에서 시작하여 점점 더 큰 세계로 눈을 돌리고, 남이 나한테 무엇을 해줄지 기대하지 말고 스스로 할 수 있는 일을 찾아야 합니다.

피할 수 없는 인생의 과제를 어떻게 피할 수 있을지 생각하다 보면 삶은 기쁘지 않습니다. 바로 해결할 수 없는 일도 많고, 대부분의 경우에는 괴롭겠지만 그런 과제에 맞설 때 오히려 삶의 기쁨이 용솟음칠 것입니다.

프랑스어에는 헤아릴 수 없는 명사에 붙는 관사가 있습니다. 용기courage는 du courage라고 표현합니다. 학생 시절에 프랑스어 선생님은 이를 '약간의 용기'라고 설명했습니다. 무엇인가를 하려면 '약간의 용기'가 필요합니다. 그러나 '약간의 용기'가 인생을 바꿀 것입니다.

후회 없는 삶을 위하여

이토 세이^{伊藤整} 라는 시인이 다음과 같은 글을 썼습니다.

내가 나 자신에 대해 더는 어린애가 아니라고 느끼기
시작한 것은 고타루시의, 항구를 내려다보는 산 중턱에
있는 고등상^商학교에 들어가서였다.

— 이토 세이, 《젊은 시인의 초상若い詩人の肖像》

내가 나고 자란 곳에는 바다가 없었기 때문에 항구를 내려다
보는 고등학교라는 말에 동경을 느꼈습니다. 자신이 더는 어린

애가 아니라는 생각은 가슴 설레는 일인 동시에 미지의 것으로 가득한 세상으로 나아간다는 불안감도 느꼈습니다.

그러나 가슴에 희망이 넘치고 꿈과 이상을 안고 진지하게 살아가기로 결심한 청년들을 현실의 어려움에 지쳐 인생을 체념한 냉정한 어른들이 막아섭니다. 젊은 시절 자주 읽었던 미키 기요시三木淸[13]라는 철학자가 쓴《이야기하지 않는 철학語られざる哲学》이라는 책이 있습니다. '세상살이에 영리한 사람들'이 친절하게 말했습니다.

"자네는 트로이메르다. 그 꿈은 반드시 절망으로 깨질 것이므로 조금 더 현실적이 되어라."

트로이메르란 '꿈꾸는 사람'이라는 뜻입니다. 이에 대한 미키의 대답을 나는 오랫동안 기억했고, 누군가에게서 그런 말을 들으면 똑같이 대답하겠다고 생각했습니다.

"나는 아무것도 모릅니다. 단지 순수한 마음은 언제라도 꿈꿀 수 있다고 생각합니다."

현실적이라는 말은 이 책에서도 사용했지만, '세상살이에 영리한 사람들'이 사용하는 의미와는 다르다는 것을 이 책을 읽은 독자라면 이해해주리라 믿습니다. 인생이란 이런 것이라며 체념한 어른이 하는 말에 귀를 기울여서는 안 됩니다.

이 책에서 최초로 성격에 대해 생각해봤습니다. 그것은 마음속 문제가 아니라 대인관계에 관한 것이었습니다. 본문에도 썼지만 우리의 고민은 대부분 대인관계의 문제라고 해도 지나친 말이 아닙니다.

언제라도 헤어질 생각으로 나비매듭(끝만 당기면 풀어지는)처럼 시작한 두 사람의 관계가 어느새 풀리지 않는 매듭으로 복잡하게 얽히기도 합니다. 그러나 마케도니아의 왕 알렉산드로스처럼 단칼에 잘라버릴 수는 없겠지요. 엉킨 실을 풀려면 번거롭고 시간이 걸립니다. 인생의 문제는 '이렇게 하라'고 딱 잘라 말할 수 없습니다. 엉킨 실도 아무렇게나 되는대로 풀려고 하다가는 더 엉키게 마련입니다. 그러나 어디서부터 어떤 식으로 풀면 될지 방법을 알면 시간은 걸리겠지만 결국에는 풀 수 있습니다.

책 서두에도 썼듯이 이번에도 역시 번거로운 이야기가 되었지만, 원래 심리학이나 철학에서 다루는 문제는 어렵습니다. 어렵다고 해서 이해를 못하지는 않겠지만, 명료하지 않으면 알 수 없습니다. 그래서 말이 어려워지지 않도록 노력했습니다. 이 책에 담긴 이야기가 여러 의미에서 당신의 결심을 지지해주기를 바랍니다.

기시미 이치로

주

1 기원전 470(?)~기원전 413, 고대 아테네의 정치가이자 장군. 페리
   클레스가 죽은 뒤 대두한 정치가로, 스파르타전에서 온건노선을 채
   택하여 '니키아스화약'을 성립시켰다. 시칠리아 원정군의 지휘를 맡
   았으나 승기를 놓치고 괴멸적인 타격을 입은 뒤 붙잡혀 처형되었다.

2 기원전 360~기원전 281, 기원전 306~기원전 281 재위, 알렉산드로
   스 3세의 친위대 가운데 한 사람으로, 마케도니아왕국의 장군이다.
   대왕이 죽은 뒤 트라키아, 소아시아, 마케도니아의 왕으로 있었다.
   디아도코이(후계자)의 한 명으로, 트라키아로 가서 디아도코이 전쟁
   에서 싸웠다.

3 기원전 450년경~기원전 404, 아테네의 정치가이자 군인으로 소크
   라테스의 제자. 자신의 정치 신조를 여러 번 바꾸며 사리(私利)에 치
   우쳐 펠로폰네소스전쟁에서 아테네를 패배로 이끄는 원인을 제공

했다.

4 《書を捨てて町へ出よ》, 데라야마 슈지(寺山 修司, 1935~1983, 일본의 시인이자 작가, 영화감독)의 책 제목으로 한때 젊은이들 사이에서 선 풍을 일으켰던 희곡이다.

5 특정한 문화에 의해 미리 유형화되고 사회적으로 공유된 관념 또는 이미지를 의미하는 용어로 '고정관념'이라고도 번역된다. 이 용어 는 원래 인쇄기술에서 유래한 것으로, 명백하게 한정된 의미를 지닌 것이다. 어떤 활자의 형체가 완성되면 그것으로 주물을 떠서 단단 한 금속판을 주조해내는데, 그 금속판이 바로 스테레오타입이다. 그 렇게 얻은 인쇄의 판형은 원래 활자의 판형과 정확히 일치한다. 이 러한 스테레오타입의 목적은 수많은 인쇄를 거듭할 수 있는 판형을 만들어내는 것이다. 따라서 스테레오타입은 '기술적으로 반복되는' 또는 더 넓은 의미로는 '여러 번 써서 낡게 한다'거나 '흔해빠진'이 라는 의미를 지니고 있다.

6 감점법은 처음에 100점을 주고 실수할 때마다 점수를 깎는 사고방 식이고 가점법은 0점에서 시작하여 성과를 낼 때마다 점수를 올려 주는 사고방식이다.

7 1803~1873, 독일의 화학자.

8 J. F. 리비히가 무기영양소에 대하여 제창한 법칙이다. 식물에는 필요 원소 또는 양분 각각에 대해 그 생육에 필요한 최소한의 양이 있으

며, 만일 어떤 원소가 최소량 이하이면 다른 원소가 아무리 많아도
생육할 수 없다는 이론이다.

9 1966년생, 일본의 록밴드 THE BOOM, GANGA ZUMBA의 보컬리
스트, 싱어송라이터이자 배우.

10 영어 이름은 D. T. Suzuki(Daisetz Teitaro Suzuki), 1870~1966, 선(禪)
에 대한 저작을 영어로 저술하여 일본의 선 문화를 해외에 널리 알
린 불교학자이자 문학박사다. 저서 약 100권 중 23권을 영어로 저술
했다.

11 1795~1881, 영국의 비평가 겸 역사가. 저서 《의상철학(衣裳哲學,
Sartor Resartus)》에서 대자연은 신의 의복이고 모든 상징·형식·제
도는 가공의 존재에 불과하다고 주장하면서 경험론철학과 공리주
의에 도전했다. 또 다른 저서 《프랑스 혁명(The French Revolution)》
(1837)을 통해 혁명을 지배계급의 악한 정치에 대한 천벌이라고 지
지하면서 영웅적 지도자의 필요성을 제창했다.

12 1861~1930, 일본의 그리스도교 사상가, 문학자, 전도자, 성서학자.
복음주의 신앙과 시사사회 비판을 토대로 독자적인 이른바 무교회
주의를 제창했다.

13 1897~1945, 교토학파를 대표하는 철학자. 군국주의에 항거하다가
일왕 히로히토가 항복 선언을 한 지 한 달이 지난 9월 26일 도쿄의
도요타마형무소에서 영양실조로 숨을 거두었다.

나답게 살 용기

1판 1쇄 발행 2015년 11월 20일
1판 4쇄 발행 2016년 1월 22일

지은이 기시미 이치로
옮긴이 오근영

발행인 양원석
편집장 김건희
책임편집 송현주
디자인 석운디자인
해외저작권 황지현
제작 문태일
영업마케팅 이영인, 김민수, 장현기, 정미진, 이선미, 김수연, 김온유

펴낸 곳 ㈜알에이치코리아
주소 서울시 금천구 가산디지털2로 53, 20층 (가산동, 한라시그마밸리)
편집문의 02-6443-8903 구입문의 02-6443-8838
홈페이지 http://rhk.co.kr
등록 2004년 1월 15일 제2-3726호

ISBN 978-89-255-5711-3 (03180)

- 이 책은 ㈜알에이치코리아가 저작권자와의 계약에 따라 발행한 것이므로
  본사의 서면 허락 없이는 어떠한 형태나 수단으로도 이 책의 내용을 이용하지 못합니다.
- 잘못된 책은 구입하신 서점에서 바꾸어 드립니다.
- 책값은 뒤표지에 있습니다.